仲誼集團惡魔老闆岳啟儒的硬闖人生——

一人份的勇氣

岳啟儒

獻給我的父親——岳思根先生

為自己真真切切努力過的美好，永遠不會背叛我們

身為惡魔老闆岳啟儒的好友，當她請我為她的新書《一人份的勇氣》寫序的時候，雖然我嘴巴上說著「哎呀我不知道怎麼寫」，但心裡其實非常替她感動，因為她是這麼棒的一個女人，值得有一本好書，讓大家更認識她。

同為女性創業家的我，以往就已經非常佩服她的努力、毅力，以及一路上這麼不容易的創業經歷，過去這一年，她與丈夫的婚姻發生了一些事情，即便她也很震驚、傷心，但是她仍然非常努力地溝通，並強大地捍衛自己的家庭。

新聞事件延燒的期間，幾次出去聚餐，我發現她從不自憐自艾，而是仍然擁有非常正面的態度，並且對自己的事業絲毫不減熱情！你以為

這很容易嗎？多少人一旦失戀或跟男友吵個架，就啥也不要了，啥也不在乎了？

這個女人太狠了！（笑）在這段期間，她仍然要經營兩家自己創業的公司，不斷地開會、辦活動，她還有自己的Podcast節目、更推出直播課程、還開了時尚營！除了上述工作，她還要照顧兒子、照顧長輩，並且堅持運動，社交，她甚至還養了毛小孩！如此忙碌的她，竟然還能完成這本半自傳？我能不感動、不佩服嗎？（必須起立鼓掌）

永遠記得疫情期間，因為實體的公關活動幾乎全面停擺，我完全可以想像，公司會有多麼龐大的開支要支付，身為老闆的她，壓力一定很大。當我問她，如果疫情一直持續下去，使得公司得一直燒錢，怎麼辦？我以為可能會聽到「只好縮編、只好裁員」等等不得已的合理調整，結果她說，「那我就抵押我的房子！我不想裁員，他們都是一路跟著我過來的，我要堅持住。」

是不是好霸氣的老闆？

平常她可能對團隊的管理很嚴格、標準超高，所以是個不好惹的機車女老闆，於是才被叫惡魔老闆，可是當公司面臨危機與考驗時，她也會這樣挺團隊，這就是她。

對待朋友，她也是這麼豪爽、熱情、直接不做作，所以相處起來非常舒服的一個人，我非常高興也很榮幸，擁有這麼一位優質的女性朋友。

身為女性，我們得更有自我意識、更勇敢，才能擁有真正的獨立，並面對人生的一切考驗。為自己真真切切努力過的美好，永遠不會背叛我們，快點翻開這本書，一起來看看她的真實奮鬥人生！

周品均

一面折射你我的鏡子

拿到本書初稿時，一口氣看了兩個章節。稍作休息間，回想起初次見到啟儒姊是在一場由仲誼公關舉辦的大型快時尚品牌開幕活動。那時還不知道眼前的她即將在我未來的職涯中成為頭號人物，當然也不知道自己和她會成為好朋友。

她說很欣賞我，而我何嘗不欣賞她。女性友誼在相互看好的前提下蓬勃發展，始於才華，終於人品。是的，我喜歡啟儒姊，因為她是個有骨氣又磊落颯爽的女子，倘若生在武俠小說裡，肯定是創立門派、追隨者眾多的掌門人。

現代女性，有傲氣的多，有傲骨的少。兩者的差別在於一個只是表面看著犀利，真正遇到困難就龜縮；一個則是從不打誑言，卻特別能扛事，處變不驚。在我有限的生命裡，慶幸遇見了幾位有傲骨的女人，我們相互照亮前路，彼此提攜，啟儒姊便是其中一人。甚至，她還敢於聊「夢想」，在如此現實的世界，何其難得？

我知道很多女人打從心裡不想理解自己身為女性的命運，也不想探尋什麼深刻的東西，認為人生只要有個工作（甚至可以不用工作），婚後有男人可以依賴，有孩子家庭可以忙活，就這樣幸福地過一生即可。

當然沒有問題。

但問題往往在於，當妳放棄去理解自己，放棄去思考更深刻的問題時，妳想要的即便是那麼單純的幸福，也會變得困難。

因為妳的一生將耗在如何取悅男性，如何以為自己是獵人其實是獵物而進行誘捕。妳把多數的精力放在男歡女愛，放在「遇見一個對的人好能夠依靠他」。

其結果就是——荒廢了人生最精華時段的妳，意識到要把力氣花在自己身上時，妳已經沒有多少能量可以用了。

於是，妳的一生也就這樣了。

普通女孩可以靠自己翻轉階級、創造命運嗎？當然可以。此書寫的雖是一位普通女孩前半生的生命歷練，卻也是一面折射你我的鏡子。女性群體互為鏡像，在可能重疊的際遇中惺惺相惜，我們不至於複製相同的路，但殊途同歸，為的都是活出自我，讓短短的一生精采富足。

本書雖然叫做《一人份的勇氣》，但打開之後會發現——身為女人其實妳並不寂寞。必要時，向別人的故事借點勇氣來用用，明天依舊可以抬頭挺胸做自己！

凱特王

一人份的勇氣是千千萬萬的能量

她是一個從來都沒有要在原地踏步的人，不斷不斷地朝著新的目標邁進。她也是不斷帶給我驚喜與震撼教育的摯友。我們的人生時間軸幾乎同步，初識時是懵懂的社會新鮮人，一起分享職場上的酸甜苦辣；幾年後同時懷孕當媽媽，接著同時創業當老闆，又再次懷孕當媽媽！女人多重角色的甘苦與共，我們幫彼此互相加油打氣，不管是開心慶祝或是悲傷難過我們絕不缺席彼此的重要時刻。

二十五年來這一路我看著她不斷挑戰自己，不斷嘗試挑戰新的領域。很多場景是在咖啡廳她跟我侃侃而談新的夢想、新的事業，我看著她炯炯有神的雙眼，我的內心不斷想著這位小姐到底哪來的勇氣？沒有任何權勢背景，單憑自己的力量如何成就這麼多事？明明奮鬥多年已經成功在一個安全的舒適圈中，為什麼還要做有風險的事情？

有一次我問她：「難道妳不怕失敗嗎？做網路事業是非常燒錢的！」她堅定的說：「永婕，就算會失敗我也要去做，我是做時尚產業的，一定要跟著潮流走，網路數位時代我絕對不要缺席！」

天啊！我讚嘆與佩服她的勇氣與決心，也偷偷竊喜自己身為她的朋友！我只要在她身邊默默吸取她的日月精華，吸收她分享的人生經驗，依附著有能量有能力的人也是一種進步！（什麼歪理）

總之她這一人份的勇氣是千千萬萬的能量，希望更多的人能一起體會我的歪理（笑）

親愛的啟儒，妳真的很棒！

賈永婕

人生永遠有希望，請妳為自己勇敢起來！

計劃出版這本書，是在二〇二一年底，當時和出版社簽了約，要寫一本女性職場勵志書，去年上半年開刀休養身體、下半年因為婚姻問題和官司事件擾亂心情，拖著拖著一直沒動筆，就這樣過了一年多。

去年十二月底的清晨在輕井澤，我望著窗外靄靄白雪，眼下的世界靜謐，我突然明白了不管人的遭遇及心情如何，這個世界依然遵照著季節該有的樣貌輪轉，於是我決定不論我的婚姻和官司的狀態如何，我都要把自己未來的生活過好，不讓這個挫折耽擱任何我想做我該做的事，因此我重新正視這個出書計劃。

原本的書綱著重在我個人的奮鬥過程，以一個沒有背景的小員工，如何用工作墊高自己，一路爬升最後創業成為老闆，也涵蓋了我對職場生存的觀點與建議。但因為我採取了法律行動捍衛我的配偶權益，我突然成了很多在關係裡受傷女性的嚮往投射，在眾多的私訊裡，我看到許多女性對自我角色定位的不安，活在先進的時代，受到的是八股的側目與對待，甚至是自己給自己的觀念禁錮。於是我做了書綱的修訂，加了女力的篇幅，希望透過這本書帶給女性在傳統價值框架下，持續保有自我、尊重自我、肯定自我，這也是性別平權的墊腳石。而寫書的過程中我發現，我的獨立女性思維竟然是受到他的影響——一個老兵，我的繼父。

在這本書裡，我很真誠地把自己的五十年徹底翻了過來，才發現這一路的確精彩，尤其回憶起已離世十九年的父親，他的身影，他說的話，栩栩如生如在眼前。我彷彿悄悄地進入了父親的靈魂，發現了很多他沒說過的念想，像是他與母親結婚時，我的年歲正是他喪父的年紀，我突然領悟，原來他是因為同理我失去父愛的感受，所以扛下了這個重擔，成了我這一生的貴人。

在我人生最脆弱的階段，回想起自己曾經被他這麼無私地疼愛過，是幸福！沒想到寫完這本書，我也療癒了我自己。

窮孩子翻身，工人的女兒成為創業家，女性面對父權社會勇敢無畏，我希望我的故事讓更多人明白，人生永遠有希望。

這本書定名為《一人份的勇氣》，我想告訴每個女性，不要害怕為自己勇敢，因為每個人一定都有自己的那一份勇氣，即使小小的，當妳要為自己do something之時，它就會變成千千萬萬能量，挺著妳！

如果妳的勇氣像我這一份這麼大，我們就一起讓身邊更多女性學會獨立，勇敢起來！

岳啟儒

一、我要翻轉人生

Overturn

Woman

二、我是女人

三、我發現我自己

Myself

四、我是惡魔老闆

urn

Overt

我要 翻轉人生

我的妹妹住在育幼院

有些事雖然不是發生在自己身上，
但是看著別人受苦卻無能為力，衝擊與記憶會更深刻。

生父離世的最後一年身體很差，沒辦法工作，只能待在家裡休息，身體虛弱的他多數時候臥床躺著，就怕突然氣喘發作喘不過來。長期久病無法出門，人也變得偏激沮喪，脾氣暴躁又特別厭世。

全家人的生計就落在幫傭的母親身上，白天母親外出工作，我也去上學，就剩下兩歲多的妹妹在家，因為沒錢送褓母家，只能由生父照看。

看著
別人受苦
卻無能為力，
衝擊與記憶
會更深刻

妹妹從小就很愛哭，話也講不清楚，當別人聽不懂她的需求，她就會身子一扭坐在地上哭哭啼啼，需要人家抱她哄她好一會兒才肯停。

有一天我放學回家，看見妹妹又坐在地上扯著她的充氣球，一直嗯啊啊地哭著，不知她想吹氣還是洩氣，我問她也問不出來，她索性哭的兩腿又踹又蹬，越來越大聲。這時生父起身走下床，從抽屜裡拿出剪刀，一把搶走妹妹手上的充氣球，瞬間剪破從窗戶丟出去，然後他一聲不吭又躺回床上。妹妹應該是嚇傻了，哭聲也停了，眼睛直愣愣看著窗戶。我也呆呆地望著窗外，不知所措，而窗外夕陽的餘暉正灑落，卻一點也不浪漫。

實在是沒辦法讓身體每況愈下的生父照顧懵懵懂懂的妹妹，家裡又沒錢送她去讓褓母照顧，母親便聽從社工的建議，先把妹妹送進育幼院。

每個週末，母親會帶著我到育幼院探望妹妹，她一看到我們就會開心地奔過來，要母親抱，然後黏著不放手。

看著
別人受苦
卻無能為力，
衝擊與記憶
會更深刻

育幼院的孩子很多，點名時大概有二十幾人，除非是襁褓中的嬰兒，其他人都要自立自強，甚至大孩子要幫忙照顧小小孩，因為老師人數很少，根本忙不過來。

房舍的空間算是寬敞，因為沒有隔間，所有的床在大廳中央拼在一起，睡覺一起睡，吃飯一起吃，洗澡一起洗，統一生活作息，就像軍營的阿兵哥一樣。

吃飯時大孩子可以自己吃，像妹妹這種兩三歲的小小孩自己吃太慢了，而且很容易吃得滿桌飯菜要收拾，所以老師就統一餵食。只要一聲令下，我看著小小孩們乖乖排排站，老師拿著一個碗和一支湯匙，碗裡菜與飯混雜攪拌在一起，一口一口接續餵著這些還嗯嗯啊啊的小小孩，老師湯匙一就口，你就要張開嘴巴吃飯，下一湯匙輪下一個吃，一碗餵完十個孩子，盛第二碗剛好可以從頭輪起，嚼再慢的孩子應該已經吞下去可以再張口吃飯了，非常的有效率。每個人吃的是同一支湯匙，所有的口水都和飯菜混在一起，餵食的過程沒有輕聲哄說，不張口吃老師就是用湯匙把飯塞進你的嘴巴，而且速度非常快，不讓你餓著，也不能細嚼慢嚥。

我看了驚訝不已，因為從我有記憶以來，我就是吃飯很慢愛吃不吃的孩子，常常一碗飯吃一個下午還吃不完。看著妹妹被軍事化餵食，只覺得吃飯變得毫無樂趣可言，更別提這樣吃是否能分辨食物的美味。

夏天時育幼院的孩子們都洗冷水澡，除了比較大的孩子穿著衣服，其他小孩都脱光，所有人站在大廣場上，老師拿起黃色水管對著大家發射水柱，就像洗車一樣。接著老師發幾塊肥皂傳遞下去，大家自己搓洗，洗頭洗身體都用同一塊肥皂，大孩子順便洗身上的衣服，也要幫忙洗小小孩。水龍頭再次開啟，每個人排著隊等老師拿水管對著你的頭由上往下沖水，就著水把自己從頭到腳的肥皂泡泡洗淨。老師不會像媽媽幫你洗頭時，要你仰著頭閉眼睛，甚至給你一條毛巾嗚著臉，以免泡泡流進眼睛感到刺痛，所以小小孩往往在此時應聲大哭。我看著妹妹滿頭滿臉的肥皂泡泡嚎啕著，分不清她是因為眼睛刺痛，還是水柱沖頭不舒服而哭。

看著
別人受苦
卻無能為力，
衝擊與記憶
會更深刻

每週末的探望時間總是很短暫，結束探訪要離開育幼院時，我們都得偷偷地、悄悄地走，絕對不能和妹妹說再見，因為她會使盡吃奶力氣抱住母親的大腿不讓我們走，所以我們幾乎都是趁著他們要洗澡的時候離開。幾次之後，妹妹一聽到要洗澡就開始鬧了，我們只好在老師強行抱住她時快步離去。每次母親和我走出育幼院大門，都會蹲著身子偷偷探頭往裡面看看妹妹的狀況，待個十分鐘才真的離開。我知道母親捨不得，但是也無能為力。

後來生父過世了，妹妹的年紀也可以上幼兒園了，母親便把妹妹從育幼院接回來，我們母女三人一起過日子。直到母親嫁給老爸（我的繼父），我們才一起離開台北，搬到了鶯歌生活。

妹妹說她對於小時候在台北的記憶全無，完全不記得住過育幼院，她的兒時記憶是從鶯歌開始的。但是我卻記得清清楚楚，我和母親躲在大門外看著她哭著找我們卻找不到的那一幕。

偏偏我都記得。

媽，我們為什麼要依賴別人？

一個沒有什麼謀生能力的女子，
只能靠幫傭的微薄收入來養活兩個年幼的孩子，
擠在一間和別人合租的雅房裡，過著不知未來的日子。

「媽，我們為什麼要依賴別人？」我不知道七歲的我為何會吐出這樣一句話，在母親問我如果她再幫我和妹妹找一個新爸爸好不好的時候。母親沒有回答我的問題，只是用手背輕輕的拭去眼角的淚水。

我的記憶中，我的生父不是在牌桌上，就是在病床上。喜歡賭博的他，賭得昏天暗地幾天不回家也是常有的事，即使母親把小小的我丟在路邊逼他都沒用。賭到後來，把原本經營的印刷廠也賠掉了。當他的身體狀況越來越差，認命的母親辛勞的工作維持一家人的生計，除了要照顧生病的他，還要應付債主來家裡討債。

生父過世後，母親把寄放在育幼院的妹妹接回來一起住，似乎是鬆了一口氣，卻也有了更重的負擔。

長大後我才真正意識到幼年時的窮困與母親的捉襟見肘。當我的妹妹感冒肺積水住院，母親繳不出保證金五千元，是看診的醫生掏腰包代為付款；妹妹幼稚園的園長，總是悄悄地在月費袋裡先塞了五百元，讓母親只要放進三百元補足八百元來繳費。

即使母親勤奮的工作，也追不上收支平衡。現實給的打擊，折磨著本就脆弱的心志，這些生活的無奈，漸漸吞噬了希望。

親朋好友同情孤兒寡母，也是看壞母親的能耐，擔心她撐不下去，勸她改嫁，開始幫她介紹對象。而這些介紹給母親的相親對象，都是上了年紀需要人照顧，或是對方也是喪偶或離婚，但是有小孩所以需要娶個妻子幫忙照料。

母親相親時都帶著我們，讓相親對象明白他得考量這個婚姻附贈兩個小拖油瓶。見了一次面就沒有下文是很自然的事，也有人提出可以結婚，但是不能帶小孩過來。老天保佑母親並沒有答應，不然我可能不知流落何方，變成八加九或街頭太妹。

相親不是自由戀愛，彼此的目的都是要找個人一起把日子過下去，心靈能否交流不重要，能不能因為再婚減輕經濟或生活負擔，反而是優先的考量。幾次見面之後，有意願的對象就出現了。

在我還不懂對未來要擔憂什麼，卻意識到母親對生活的無力感。母親會答應開始相親，應該就是已經惦量了自己獨力扶養孩子的能力不足，再嫁是一個解套的選擇，但是母親為何還要問我的意見？我並不明白，事實上我也沒有決定權啊！或許是她對於未來的徬徨，身邊沒有人可以討論。

我其實不確定有新爸爸是好或不好，年幼無知的我不知為何回了「媽，我們為什麼要依賴別人？」這麼嗆辣的一句話，也許相比柔弱的母親，我天生就是一個不知天高地厚、堅強又倔強的女孩。

我們三人同睡一張床，在深夜裡，我常常聽到妹妹熟睡的輕呼聲，伴隨著的是，側身躺著、背向我的母親低聲啜泣著。這些半夜裡的啜泣聲，讓我漸漸明白了母親的脆弱與無助。

「如果要找一個新爸爸，就找會聽我講故事、頭髮很短的那一個。」

幾個相親對象裡，我對他最有好感，幾次見面都是約在公園，我和妹妹在遊樂設施爬上爬下盡情玩耍，他和媽媽坐在公園椅上聊天，一邊看著我們，有時也會來幫我和妹妹推推鞦韆。這種很普通的一家人在公園悠閒遊玩景象，在我當時年幼的記憶裡原本是不存在的。

晚上他會帶我們三人上小館子吃飯，雖然吃的只是水餃和酸辣湯，但是沒在餐廳吃過飯的我，覺得非常高級，妹妹和我常瞪大了眼睛看著小菜碟，不知道怎麼選，其實也不過就是海帶、豆乾、烤麩……這類日常小菜，窮孩子上餐館，吃什麼都是神仙美味。

有時候我們不在外頭吃，一起回我們租屋處吃母親做的晚飯，母親在廚房做菜忙進忙出，他就陪我和妹妹，普通人家的日常，是我的小確幸。

「叔叔，我講故事給你聽好嗎？」大家熟悉的哄小孩情節，通常是大人說故事給小孩聽，但是當時是我說給他聽。我好像逮到一個有空聽我講話的大人，才不管他願不願意，就是一股腦的把我所知道的故事對他說一遍。而這些我看童話書得來的故事，他總是聚精會神認真地聽。有時故事還沒講完，母親出來打岔說話，我還會大聲說：「叔叔，你要專心聽我說嘛！」

不知不覺，我會期待他的到訪，在生活裡有不一樣的對話，直到後來，我的生活直接翻轉了。

這個平頭男成為了我的爸爸，也是我人生中最重要的貴人。

一支冰棒與一碗餛飩湯

我永遠忘不了那碗餛飩湯的滋味，那是我吃過最好吃的餛飩湯。

母親決定改嫁之後，準備要帶著我們姐妹離開台北搬到鶯歌去，當時的鶯歌是純樸鄉下，不是現在大家看到門庭若市的觀光小鎮。有人跟母親說，學期中轉學對於孩子的學習有不良影響，於是母親把我托給以前的鄰居照顧三個月，等到學期結束才要幫我辦轉學。

母親將原本一家三口租的房子退租了，帶著妹妹先到鶯歌安頓，就這樣，我開始搬進別人家，過著寄宿生活。仰人鼻息過日子原來是這麼一回事，七歲的我學到人生第一堂社會課。

鄰居家有三個孩子，年紀上下只差一兩歲，其中一個是我的同班同學，我們從小就玩在一起，感情很好，鄰居叔叔和阿姨也和藹可親，所以雖說是寄住，當時的我當作是夏令營，開開心心地拎著小包包就去了。

每天起床後我和其他孩子一起去上學，放學後再結伴回家，晚上四個小孩共睡通舖，從小就羨慕別人兄弟姊妹多的我，有了年齡相近的玩伴每天打打鬧鬧，覺得生活變得豐富有趣。天真的我以為沒有不一樣，但，不是一家人就是不一樣。

母親每個月都給鄰居阿姨我的生活費，叮囑我需要用錢時可以跟阿姨拿。那日下課後，我們一路玩回家，天氣漸漸熱了，追跑得滿頭大汗的孩子們，經過雜貨店時瞬間蜂擁擠向冰櫃，掀開冰櫃門一股冷氣迎面而來，每個孩子翻爬得幾乎都要倒進冰櫃裡。人手一支百吉棒棒冰，轉開時清亮的「啵」一聲，比煙花在空中炸裂的聲響更吸引人，塞進嘴裡時涼爽直入心，三塊錢的冰棒不只解渴，還滿足了孩子的愉悅。

我三步併作兩步衝回鄰居家，跟阿姨要錢買冰棒，沒想到她拒絕了，她說我母親給她的錢只夠讓我吃飯，沒有給買零食的錢。

看著她的孩子們吃著百吉冰棒，我只能嚥嚥口水。我突然懂了，原來這就是寄人籬下的感覺。我待的不是夏令營，也不是去同學家過夜玩耍，這是沒有義務的幫忙，別人讓我住進他家已經是慷慨助人了。

我沒跟母親說過這件事，也沒跟她吵鬧要回家，因為我的家已經搬空了。我只等著學期末放暑假，因為那是母親跟我約定好要來接我的時間。

鄰居叔叔是開大貨車的，週末時載著一家大小上路工作，鄰居阿姨坐在副駕，小孩們窩在貨車後頭的紙箱貨物間玩耍，累了就躺下來睡。寄住阿姨家那段期間，我也被帶著同進同出，週末陪著大人去工作。

我還記得有一次後車廂滿載了長長的水管，我們連站都站不穩，只能或坐或躺。那次的路程特別遠，車子在高速公路上行駛，我躺在水管上，視線正好是反轉的天空。那一天的天空顏色特別藍，雲朵飄忽著，形狀像隻從水裡跳出的魚，緩緩地又變成了捲著紙的糖果，我伸手朝向天空一把抓住，拆開包裝紙拿出糖果放進嘴裡，我閉起眼，全世界都安靜下來，只剩貨車馳騁呼嘯而過的風聲咻咻在耳邊，我感受到甜的滋味。

我想要的，別人給不起，我自己可以給我自己，在我的腦海裡，在我的心裡。

結業式那天從學校回來，我看見母親來了，一邊幫我整理行李，一邊在跟阿姨說話，其他孩子在廳內玩耍，我只是倚著房門站著，對於遊戲顯得意興闌珊，也可能因為耳朵裡聽著大人窸窸窣窣在談論著我。

「肚子餓不餓？」身材壯碩的平頭叔叔拉拉我的衣角，我才知道他也來了。

我點了點頭，想起自己還沒吃午餐。

「我帶妳去吃點東西。」他牽著我的小手步出門，這是第一次他牽著我，我才發現他的手好大呀！我的手像是被柔軟的雲朵包覆著，又輕鬆又緊密。

我們走進附近一家小麵店，已經過了用餐時間，店裡很多東西都賣完了，準備打烊休息。他請老闆幫幫忙再下廚，點了一碗餛飩湯給我，熱騰騰的湯一端上桌還冒著煙，這煙霧彷彿魔法，給人眼睛發亮的迷幻，我立刻唏哩呼嚕邊哈著氣吃了起來。

「吃慢點兒，別燙到了。」看著我宛如餓死鬼般，平頭叔叔邊笑邊說。

滑潤的餛飩皮入口即化，肉餡軟嫩，湯頭清甜，搭配著小白菜的清脆，以及芹菜碎末的香氣，是我永遠忘不了的滋味。那是我吃過最好吃的餛飩湯，長大後我才知道，那滋味叫做幸福。

那天下午我帶著本來就簡單的行李，和媽媽妹妹以及平頭叔叔一起坐火車去鶯歌鄉下，對我來說那是全然陌生的地方，但我知道目的地是我的新家，火車行駛規律的聲響「喀嚓喀嚓」就在耳邊，我閉起眼，全世界都安靜下來，我感受到的是一種安心。

就這樣，開始了我人生的第一個暑假。

老兵的瀟灑

我的人生宛如戲劇，一下子從歌仔戲變成黃梅調了。

隨著母親嫁給爸爸，我成了老岳的女兒，我的世界從本省家庭變成了外省人家。

我開始在家裡也說國語，吃很多麵食，水餃、麵條、蔥油餅……都是飯桌常客，不過因為爸爸已經退伍，我們並沒有住在眷村裡，居住的小巷裡鄰居都是台灣人，我是爸爸的國台語雙聲帶翻譯機，常幫聽不懂台語的爸爸翻譯。

妹妹愛哭鬧鄰居嫌吵，母親和別人共用廚房起了齟齬，爸爸覺得租房子不是長久之計，就用多年的儲蓄咬牙買了房子，一家四口生活變得不輕鬆。為了撐起家計，他甚至斷絕了有自己血脈後代的機會，不要母親再生小孩。

原本單身一人悠遊自在，他應該沒想到和母親結了婚，負擔變得如此沉重，但是我沒見過爸爸唉聲嘆氣，他也從來不會抱怨和糾結，任何事情在他口中都變得輕輕鬆鬆。生活雖不寬裕，但是爸爸每天仍然喝點酒哼哼小曲，逍遙自在過日子。

日子好不好過？端看你怎麼過。每天坐在爸爸的腳踏車後座去上學，我度過了平穩又無憂無慮的童年時光。爸爸只要把手張開我和妹妹就會雙手一攀，一人掛一邊吊起單槓開心地搖晃。他是一個把簡單生活過得有趣的人，總是在平淡的日子裡創造趣味。

我最喜歡和爸爸玩象棋及撲克牌，好勝心強的我總是很認真，他會作弊藏起牌贏我，當我發現哇哇叫時，他卻笑得合不攏嘴。

偶爾母親失手煮了難吃的菜，大家都不想吃，爸爸就會把桌盤當成俄羅斯輪盤，下令轉到誰就吃一口，沒想到使勁過大，菜盤都飛出去，把母親氣個半死。

寒暑假時他怕我和妹妹太閒，就把我們當小兵分配每日工作，除了做家事，還要幫忙他刷油漆，甚至他修水管時，我就在旁當助手。其實爸爸把我當男孩養，養成我不是嬌滴滴的個性。

爸爸沒有傳統男女該做什麼、長輩晚輩的僵化禮數。在我青春期時，負責出門採買的他要幫家裡的三名女子買衛生棉，他得蹲在雜貨店貨架前慢慢找，因為我們各自想要的品牌不一樣，爸爸從來不覺得這件事會尷尬，個性沒有界限，做什麼都豁達不扭捏。

甚至對於結婚突然蹦出兩個女兒，爸爸對外的說法或外人詢問沒有任何忌諱，他總是大方地帶著我們和朋友見面，介紹我們好像本來就是他的女兒，因此我也自然而然地把他當爸爸了。

以前最期待爸爸的老友聚會，我都戲稱為軍中同樂會，一堆操著鄉音的伯伯們，說起話來像在吵架，聽他們翻舊帳著實有趣。施伯伯每年都要說一次爸爸欠他五千元；朱叔叔總是說著以前被爸爸揍慘了；連伯伯說爸爸命大，在金門時因為拉肚子不能站崗，躲過了砲彈攻擊。他們說爸爸愛喝酒、愛打架、年輕時常被關禁閉，所以一直到退伍都還是中尉升不了官，是他們之中位階最小的，但他們總是說：「聚會老岳一定要來」。這是我所不知道爸爸的一面，我感覺得出來每個人都喜歡他。

人生啊！你以為的下一幕劇本，永遠和你想像的不一樣。

小時候我喜歡和爸爸聊天，他告訴我父親早逝的他從小就要幫母親去種田，但是他想闖蕩天下，不想困在農村裡一輩子務農，於是十五歲就隻身離家到上海去學做麵。二〇年代的上海風華，是我在電影裡才看得到的，從他口中娓娓道來，盡是繁華。

問他為什麼來台灣？他的回答沒有國軍抗戰的英勇情操，爸爸說有人問要不要來寶島台灣玩？一個禮拜就回去，愛玩的他就上了船，船行駛停在台灣海峽中央時，才知道這是國軍戰敗的撤退，沒辦法回家了，他說全船的年輕哥兒們都流著淚。

下了船，把一身馬褂脫下來換了兩串香蕉，第一次到寶島，第一次吃到美味的香蕉，就這樣爸爸愛上了台灣。

長大後我離家到台北工作生活，每次回家總是可以和爸爸聊個好幾小時，他喜歡聽我在台北闖蕩的故事，雖然他不了解我做的行銷公關是什麼產業，卻也對工作內容聽得津津有味，這是一輩子在工廠工作的他沒有見過的世界。有趣的是爸爸曾說：「妳做的工作聽起來很有創意也很有發展，就是公關這兩字不好聽，會被誤會在酒家上班，我覺得妳挺像做廣告的，我以後還是跟我朋友說妳在廣告公司上班好了。」

轉個念，換個說法，就不會陷入無謂的糾結。就是這樣，他讓自己沒有跨不過的坎兒，我才發現爸爸是一個很好溝通的人。

爸爸不講大道理，總是從生活中的細節讓我明白人生就是這麼一回事。過去的時代有省籍情結，有時我聽見鄰居們用台語說三道四，背地裡叫爸爸老芋仔，我覺得很難聽，氣噗噗地跟爸爸抱怨，沒想到他一點也不走心，笑著說：「妳就跟他們說，『你們才是一群小地瓜咧！』」

長大後我明白了，這是爸爸告訴我不用在意別人說什麼，要樂觀隨性。

雖然家境沒有很好，但是我也想學同學辦生日會，小四生日時，我央求爸爸買一個大蛋糕，讓我請同學來家裡慶生。當時我的人緣不好，家裡又住得遠，生日那天我在家裡等了一下午，都沒有人來。一直到傍晚爸爸下班了，回到家看到完好的蛋糕，以及我落寞的臉，他就走出門去吆喝整條巷子的鄰居小孩都來吃蛋糕，於是大家圍著我一起幫我唱了生日歌。

長大後我明白了，這是爸爸教我要學會彈性、懂得轉彎。

被宣判罹患癌症的時候，我問過爸爸一句話：「如果五十二年前，你知道會有今天生病的痛苦，你還會抽菸嗎？」他陷入了沉思，彷彿這是什麼嚴肅的議題，一分鐘後淡淡地回答：「我還是會抽菸。」

他從來不會說什麼人生不要後悔這種金句型大話，經歷過大風大浪的他，總是說有錢難買早知道，不如一切隨遇而安。

我明白了爸爸總是向前看，不對過去懊悔，不管曾經是對是錯。

做治療的時候，爸爸很認真遵照醫生指示，是個聽話的病人，我打電話關心他，他從沒展現憂慮，總說著醫生說做完這些治療身體就會好了。他還告訴我身體好了想去哪裡玩，他最想去北海岸看海，聽海浪的聲音。

後來因為感冒併發症，爸爸在急診室裡喘不過氣直接插管，被送進加護病房，第一晚醫生就宣判病危。我們還在聽爸爸說著病癒要去哪裡玩，哪會有即將失去他的心理準備？而全身插滿治療儀器，爸爸仍躺了一個月，偶爾眨動的眼皮，彷彿揭示著強韌的求生意志。

這是爸爸教我的最後一課，永遠懷抱希望，永不放棄。

最後，不忍爸爸受苦的我，握著他的手在他耳邊輕聲地說：「爸，你安心走吧，我們會照顧媽媽的。」就在那一瞬間，機器上本就微弱起伏的心跳曲線，跌落成一條平直線，原來昏迷的爸爸心裡始終掛念著母親，直到這一刻他才放心了。

人生啊！
你以為的
下一幕劇本，
永遠和你想像的
不一樣

維生的機器警報聲響起，生命的休止符已經劃下。

瀟灑的人生觀與生活哲學，這位士官長用身教讓我明瞭，無論物質環境優渥與否，或面臨生命的無常變化，在這個世界我們總會有辦法生存下去，而且一定可以活得很好。

竹片子下教我打架要還手

當一個繼父最難得的是，
不只把別人的孩子當親生的疼，還當親生的打。

雖然平時幽默風趣，爸爸卻是個教育小孩很嚴格的人，他不要求我們名列前茅，最在意的是我們的禮貌和生活作息。

「叫人！」只要遇到人就要打招呼，這是從小爸爸給的訓練。每天見到的街坊鄰居叔叔阿姨、爸爸的朋友、工廠的同事、張伯伯、王伯母、李嬸嬸……等等，見一個叫一個，一群人要每個都喊聲，不像現在小孩跟大家說聲「嗨」就算數了。打招呼的時候眼睛要看著人，偶爾一時分心傻了忘了叫，爸爸就會推我一下說：「叫人！」

他不會嘮嘮叨叨跟我和妹妹說什麼禮貌的重要云云，事實上爸爸從來不講大道理，他是軍中班長下指令，我們是小兵不能質疑，做就對了。禮貌這件事，就在習慣中養成。

我一直都覺得爸爸把我和妹妹當小兵管理，可能因為他當了一輩子的職業軍人，退伍後總得有人讓他發號施令，我們的生活也像在當兵，只差沒有操練。每天早上六點就要起床，放假日也只能睡到七點；下課後要準時回家，想去同學家玩要先報備；早午晚三餐是一定要吃的，而且要全家人在餐廳坐下來一起開飯；吃飯時右手拿筷，左手扶著碗，絕對不能左手放在桌面下，單手吃飯。

很多人家裡可以邊吃飯邊看電視，這在我們家是絕對不可能發生的，六點是我最愛的卡通時段，六點半左右家裡開飯，我記得卡通《小天使》完結篇的那一天，媽媽提早做好晚飯，爸爸把電視一關，喊聲「吃飯」，不能有任何拖延，我只好乖乖去用餐，錯過了最後的結局。

晚上我們全家一起坐在客廳看八點檔連續劇，九點鐘連續劇播畢，全家都得刷牙上床躺平睡覺，就像軍營裡熄燈一樣，不可以發出任何聲音。我對於同學可以看電視直到唱國歌非常羨慕（那個時代電視並不是二十四小時都有節目，晚上十二點會播放國歌後休眠關台）。

爸爸認為孩子的教育最重要的就是吃飯睡覺這些生活規矩，小時候不乖，可是要吃竹片子的。竹片子是什麼？就是爸爸背癢的時候拿著抓癢的「不求人」，木片做的，不是很厚，打在腿上啪啪響，會紅但不會腫。當時愛的教育還沒崛起，家家都體罰，看過鄰居叔叔用藤條或黃色塑膠水管打小孩之後，我就慶幸還好我們家的家法是竹片子。爸爸可能也顧及到體罰小孩達到嚇阻就好，不要留下疤痕。

久而久之，其實爸爸也不用真的打我們，只要他一拿起竹片子，口中數著「一、二、三！」我們會立刻就行動位置，有時還沒喊到三，我和妹妹已經連滾帶爬去吃飯睡覺了。

我和妹妹有個賤招，犯了事知道會被處罰，回家就先跟母親自首認錯，母親只會要我們罰跪，爸爸回家看到我們跪著，就不會再生氣責打了。

回想起來，我和妹妹最常被處罰的都是生活上的習慣，飯不吃、不睡覺、不聽媽媽的話。這位班長對我們的要求只有品格和生活習慣，成績他是不看重的，只有作業一定要交。

家法是愛的約束器。小時候我最常被處罰的就是不吃飯這件事，不愛吃東西的我，一餐飯要吃好幾個小時，爸爸就會拿起竹片子來限時，也許是他年輕時物資貧瘠，他特別不喜歡我們浪費食物。有一次我因為不想吃，把三明治偷偷丟在垃圾桶裡，爸爸狠狠地揍了我一頓，我也不明白自己怎麼會天真地以為丟在家裡垃圾桶不會被發現呢！

但是我被打得最兇的一次，是爸爸以為我被壞人拐走了。因為跟著推銷童書的陌生人去拜訪同學，到了很晚還沒回家，整個鄰里都在找我，一回到家就先被痛扁了一頓。等自己有了小孩，才理解爸爸當時的心情，說是生氣其實是擔心。

長大後遇到朋友，如果爸爸也是職業軍人退役，都非常有共鳴，老兵的孩子都是被打大的，小時候被體罰成了大家的共同回憶。

爸爸教我懂規矩，也教我要捍衛自己。記憶深刻的一次，我以為要挨揍了，結果卻沒有。

我的功課很好，但是很叛逆好強，個子小膽子大。有次因為別村孩子欺負妹妹，我和對方理論然後打了起來，回到家妹妹跟在旁一直哭，爸爸知道了質問我：「為什麼跟人家打架？」「因為他打妹妹！」下一句他居然問我：「打贏了嗎？」我愣了一下才回答：「我有甩他巴掌。」其實是扭打到後來累了，並沒有分出勝負，但我仍然非常嘴硬。當時我以為自己要被處罰了，沒想到爸爸這次沒有拿起竹片子，只說了：「去吃飯！」

長大後我才明白，這是爸爸讚許我強悍勇敢。

上了中學後的我，漸漸地以朋友為重，下課後只想和同學去吃東西溜溜，開始放學後晚歸。不過所謂的晚歸，其實也只是超過吃晚飯時間，有過失蹤驚動大人的經驗，我還是會乖乖在七點前到家。

有一次晚回家，爸爸拿起竹片子指著我，「為什麼這麼晚回家？」

當時我的個頭已經和他一樣高，我也不知哪裡來的膽子，雙手抓住竹片子，「爸，我已經長大了，你不可以再拿竹片子打我了！」爸爸睜著大眼看著我五秒，鬆開了手，丟下一句「以後不要再這麼晚回家」就轉身上樓了，只留下握著竹片子的我呆站著。

那年我十四歲，以後爸爸再也沒有對我拿起竹片子。

正義感的培養從不鄉愿開始

十四歲那年，家裡發生大事——爸爸失業了，差點面臨斷糧的風險。

爸爸有專業的看顧鍋爐執照，他從職業軍人退伍後，在工廠裡工作了十幾年，但是年紀越來越接近退休年齡，老闆想要節省退休金，就用不當手法開除他。那個年代的勞基法並不完善，勞工權益未受重視，爸爸不僅沒有拿到資遣費，連再過幾年就可以領到的退休金也泡湯了。

當時我已經國中，稍稍懂事看得懂人情世故，聽父母談論這件事，知道爸爸是受氣被欺負了，也從他們的憂心當中，感受到爸爸沒工作這件事對我們家的影響可能有多大。家裡的收入頓時短缺，我和妹妹一個國中一個國小，離長大可以分攤家用都還很久，只靠母親微薄的薪水，根本不夠支應一家四口的生活。爸爸每天都在找工作，但那時他已經五十四歲了，要被雇用著實不容易。

我看爸爸一直在寫信，幾乎一週一封信，原來是給勞工局的陳情書。爸爸不甘於就這樣被做掉，選擇投訴陳情，**為自己抗爭，即使資源不對等，也要不畏強權**。

當時社會風氣重視的是資方，勞工權益受損通常只能摸摸鼻子，像爸爸這樣鍥而不捨地爭取自己權益的人很少，因為大部分的工人是文盲，沒有辦法自己書寫，委託代書或律師代筆的費用很高，資方有的是錢，可以請律師回函，所以工人吃虧比比皆是，勞資糾紛只能考驗老闆的良心。

令人納悶的是沒有學歷的爸爸為何能寫陳情書呢？爸爸小時候只讀過私塾兩年，因為他的父親早逝就輟學幫忙家裡務農，再也沒有機會念書。原本識字不多的他，在當兵的這二十多年，每天看報紙自學識字。在我小學時，他總是要我讀報紙上的社論，原來他自己就是這樣學會寫文章，緊要關頭還能以筆為自己發聲。

被欺負了要據理力爭，如果連自己都不幫自己挺身，誰還能幫你？除了寫信，爸爸不斷打電話去勞工局關切自己的陳情，雖然是小蝦米對大鯨魚，但是他不放棄。終於半年後，勞工局願意開勞資協調會，他親赴協調會說明，最後為自己爭取到一筆賠償金，雖然比起退休金的損失差距仍然很大，但是至少替自己出了一口氣，也對抗了不公不義。

「如果連自己都不幫自己挺身，誰還能幫你？」這是當時他告訴我的話，我看著爸爸這樣不畏強權，從此以後就算自己的資源薄弱，遇到不合理對待時，我也要為自己據理力爭。

因為有理就站得住腳，對得起自己最重要。權力的高低不等於對錯，當你資源少時，也許人微言輕，無法造成絕對性影響，但是不代表你就不能為自己說話，每個人都有發聲的權利。

從我入社會工作開始，我從沒因為我的位階小而甘願事事忍受，遇到老闆或客戶不合理，一定據理力爭。曾經因為客戶誤會我沒有盡力，

如果連自己都不幫自己挺身，誰還能幫你？

我直接寫信說明，當時我只是個小企劃，但是對方是品牌經理，我不會因為位階比較低，就不敢違逆說出心裡的話。

我當老闆之後，遇到客戶頤指氣使不尊重我的同事，經過溝通沒有改善，我會寫信解約，不會因為業績而屈服。因為做生意和勞資關係都一樣，彼此是夥伴，不是權力的上對下。

為自己爭取理所當然，如果和公眾有關你會發聲嗎？

大部分的人會在意自己的權益，但是對於別人的事要不是事不關己、漠不關心，就是當成茶餘飯後的八卦談資。因此沒有正義感和自掃門前雪是社會上的普遍現象，很多父母教育孩子都是不干自己的事就不要管，免得招惹麻煩，最後就變成背地裡說閒話，或是被欺負的時候只能隱忍，心裡咒罵對方來安慰自己。

不只為自己爭取權益，不自私、有公德與正義感，也是我從爸爸身上看到的。爸爸常在住家電梯貼公告，「為了住戶們的安全，請大家要隨手關大門」、「雜物擺放請勿堆放樓梯間」、「夜深時請注意安寧」……

等，比起許多人對於鄰居的不滿，只會暗地裡議論紛紛，他是會直接告訴對方的，我不知道爸爸是不是土地公轉世，但是雞婆是肯定的。

當每個人都隱忍包容，最後就變成霸道的人佔便宜。糾舉別人的不對，我從來不會覺得不好意思，因為我站在理字上。就像當你排隊時遇到有人插隊，你會怎麼做？我從高中開始，不管是排隊買電影票，或是排隊買熱門美食，遇到插隊的人，我會大聲地請對方不要插隊，去排隊。很多人遇見不合理的事，都說「算了算了，不要計較好了」，這樣的包容，其實是鄉愿的表現，只會讓愛插隊的人繼續插隊，佔人便宜的繼續得利。

但是要據理力爭，講道理是非常重要的，千萬不能落入瘋婆戲碼，不然爆棚的正義感容易變成情緒化的意氣用事。

我一直覺得「以德報怨」這幾個字被濫用了，姑息了邪惡反而侵害了正義。就像我會提起法律訴訟，不只是因為發現我的配偶權被侵害了，傷心之餘我得為自己行動，更何況我懷疑對方是騙子，很多說法與

如果連自己都不幫自己挺身，誰還能幫你？

事實不符。我體認到不能讓邪惡蔓延，就必須挺身反擊，如果不揭發會有更多人被騙受害，只有提告並且攤在陽光下，才能防堵謊言與假象繼續擴大。

這個世界充滿著不公不義的事，我們一定就得被欺負嗎？遇到不公平的事，除了忍氣吞聲，我們還能做什麼？看到別人被欺壓，你心裡會不會有是否站出來替別人說話的猶豫？並不是所有事情都能用法律解決，透過公眾約束的影響力，才能導正或壓制惡事滋長。所以這個社會需要多一些多管閒事的人，才能維護公理正義。

任何人都不該欺負別人，任何人都不該被欺負。不管是自己還是別人的事，都讓我們從不要鄉愿開始。

終止我的勞動世襲

在看韓國電影「寄生上流」時，
面對電影裡講述「貧窮是會世襲的」這個韓國社會現象的立論，
我覺得很慶幸。我慶幸自己終止了我的勞動世襲。

中學時念書非常苦悶，在那個守舊的年代，「萬般皆下品，唯有讀書高」是學校教育的最高指導原則，不提倡個人興趣和志向的發掘，不念書不升學的人註定沒有出息。個性叛逆的我，雖然成績不錯，但是也想不到自己該為什麼原因努力念書，填鴨式教育讓人喘不過氣來，迎上青春期的焦躁浮動，我和所有青少年一樣，都有著無法掙脫被禁錮的無奈。

記得國三時的公民課老師，是學校的輔導老師，除了課本的教學，

唯一能突破勞動世襲的枷鎖，就是升學

他也會和我們分享他輔導的案例，藉此順勢洗腦我們，直擊我們這些青少年成長的煩惱。

有一次在課堂上，他說了一個勞動世襲的觀念，大意是過去他的學生如果不想升學，只讀完國中或高中，要選擇的就業機會很少，捷徑就是到工廠工作，每天從早到晚都在工廠裡，社交圈狹隘，未來能夠婚配的對象有限，通常就是工廠裡一同工作的同事。藍領的收入並不高，兩人未來結了婚生了孩子只能應付生計，無法給予更多的資源去栽培，可能下一代在就學時容易遇到瓶頸，也無法繼續升學念到更高的學歷，沒有好的學歷可以求職，最後只好又到工廠裡工作，因此形成勞動階級的世襲。

輔導老師並沒有任何歧視性的階級意識，他只是殘忍地點出這個社會結構以及藍領階層的困境。當時他給了一個解方：唯一能突破勞動世襲的枷鎖，就是要升學，不只念高中，還要念大學，**用高學歷轉換工作層級及生活圈**。

我聽了非常震驚，聯想到我在工廠打工的一幕幕。

很多人的學生打工經驗是餐飲服務業，那是在繁華的都會區才有餐廳或咖啡廳的工讀需求。八〇年代的鶯歌小鎮，還不是觀光蓬勃發展的熱鬧模樣。大街上沒有現在看到的茶館、咖啡廳和文青藝品小店，冷清清的連商店都沒有，到處是小加工廠，處理燒製完成的陶器最後的整理工作。整個鶯歌鎮陶瓷工廠林立，是花瓶、瓷器、磁磚製造的重鎮，因為陶器需要高溫入窯燒製，燒窯排放煙灰造成污染，走到哪裡天空永遠灰濛濛的，空氣很糟，漫天都是漂浮的灰土或霧霾，我總是在鼻子過敏。

因為自己和同學的爸媽大部分都在工廠工作，所以小時候我們就常穿梭在這些工廠裡玩耍，對於工廠的環境並不陌生。

國二的時候，我想要買一台隨身聽，可以放我的流行歌曲卡帶，邊走路邊聽音樂，爸爸不准我亂花錢，我只好自己去打工賺錢。小鎮上沒有什麼打工的機會，最容易找的工作就是工廠，我在工廠裡工作了一個月，深刻體認到做工的辛苦，和小時候去工廠找爸媽玩耍完全不一樣。

陶瓷工廠裡有高溫的窯，因為燒製陶器要用千度以上的高溫，所以整個廠房都熱烘烘的像烤爐，即使穿著無袖吹著工業大電扇也是汗流浹背。陶器是陶土做的，乾了以後需要精修收邊，用修刀輕輕地刮下凹凸不平處，刮的時候粉塵紛飛，工廠裡隨便一揮就陶土屑飛揚，雙手雙腳滿臉連頭髮全身都是灰，和著汗變成了泥黏在身上，好像打仗一樣，指甲縫裡都髒髒的，每天洗澡要用肥皂刷洗多次才乾淨。在工廠裡工作搬重物是必備技能，陶器非常重，送去燒製時得要一箱一箱搬移，每個人都要搬，不會因為是女生有特權，所以工作一天回家後都腰痠背痛。

那樣惡劣環境工作了一個月，我賺到了錢，買了隨身聽，心裡想著我再也不要去工廠工作。

當我聽到輔導老師講到勞動世襲，我整個背脊發涼，想起爸媽辛勤工作的模樣，想起我在工廠裡揮汗如雨全然勞力活的痛苦，感覺嘴巴裡也都是灰。我怎能讓自己一輩子過這樣的生活？讓我的下一代也無法擺脫工人階級？

所以我真的開始發憤讀書，許願讓自己終止勞動世襲，晉升上流。

當你對人生有所領悟，才會認真思考下一步，甚至去設想描繪自己的未來在哪裡。除了終止勞動的命運，我希望過更好的生活，所以我為自己訂下念書升學的終極目標──我要離開沉悶的鄉下小鎮，我要上台北念書，我要到台北生活。

台北對我這個鄉下姑娘而言，就是一個可以實現夢想生活的地方。七歲以前曾經住在台北市，擁有的是家境貧困的記憶，不曾體會都會的絢麗。一直到定居鶯歌後，因為一年一次偶爾才到台北玩，台北變成我心中參訪朝聖的重要勝地。

過年過節爸爸偶爾帶我們到台北訪友，走在高樓林立的街道上，站在天橋上看著馬路上車水馬龍，都讓我迷上這個花花世界。我記得小學時台北忠孝東路的Sogo百貨剛開幕，爸爸的友人帶我們去逛逛，我好像紅樓夢裡的劉姥姥進大觀園一般，搭乘手扶梯到每一層樓觀光，只是看著每一個專櫃展示的商品，眼睛直發亮。那一日爸爸的友人買了一條格子緞帶送給我，我根本捨不得拿來綁頭髮，深怕它皺了，一直擺放在我抽屜裡的小盒。

國一時和同學坐車來逛西門町，當時最時髦的大樓就是萬年大樓，賣的都是進口舶來品。我坐火車千里迢迢而來，只為了買日本偶像少年隊的小書卡和海報，那些進口的玩具和公仔，讓人著魔般目不轉睛！頂樓的冰宮是青少年約會聖地，土包子的我只在一旁觀看不敢下場。街上遊走的人穿著就像當時流行的日本電影場景一樣，整個西門町充滿著青春、活力、潮流的氣息。

對比工廠的沉重，「去台北」這個動機更加強了我用功讀書的力道。

所以在高中聯考時，大部分同學都是就近報名桃園區域的聯招考試，我卻鎖定了台北市高中聯招，特別大老遠跑到台北考試。雖然北聯的競爭特別激烈，但是我想到台北念書，因為我想脫離這個灰濛濛又死寂的黯淡小鎮，去大城市生活。就像爸爸嚮往都市一樣，從農村到上海體驗世界，我也想從鄉下到台北，活在繁華裡。

考上北一女，終止了我的勞動世襲，我也成為了心嚮往之的台北人。

我的人設是工人的女兒

其實從你出生後，你的人設就已經被決定了。

因為我的工作和傳媒娛樂產業有密切的接觸，近年來大家在社群媒體上追逐的網紅們都有特定的樣貌，常在報導裡看到「人設崩塌」的字眼，人設是什麼意思呢？

Google上你可以搜尋到人設的定義是從動漫而來，延伸到演藝圈和社群上的網紅，意思是這個人物被規劃營造的方式，從身形樣貌、穿著打扮、談吐作為以及個性表現等等，很多細節集合起來，形成了大眾的觀感印象。當這個人設與眾不同，或是亮點特色很鮮明，甚至迎合了現在的熱點，創造了大眾討論的話題，這個人設就有可能爆紅。

大家瘋迷的韓星背後，就隱藏了非常專業的人設操作，這是韓國的偶像經紀厲害的地方，他們會從行銷的角度，先去設定要推出的韓星角色，像是暖男系、鄰家少女……等等，甚至也設定了粉絲的人設，從想要吸引什麼類型的粉絲，進而去包裝相對應的偶像。

但是，我們既不是明星，也不是網紅，哪裡來的人設可言呢？

我第一次有意識地察覺到，我自己和別人很不一樣，是剛進北一女的時候。記得高一上剛開學，班上要選家長代表，老師發下了一張按照所有學號順序編排、列了所有同學和家長姓名及職業的圈選單，請我們帶回家給家長圈選。因為才剛開學，同學彼此不熟，更別提家長了。於是老師給了建議，她是這樣說的：「大家可以請爸爸媽媽投給某某某的家長，因為她爸爸是檢察官。」

好特別的職業啊！我就著她的姓名去尋找她爸爸名字下方的職業欄，寫著一個「檢」字，在一片「商」的字樣中顯得很不同，但是我卻發現整張紙最明顯的欄位，是我爸爸名字下的那個字，因為筆畫很少。

三筆一個「工」字，非常容易就看到了。是的，班上只有我一個人，是工人的女兒。

原來，**你的家庭背景、父母的職業，都決定了你在社會裡的第一個人設，你被決定的形象**。

我從小名列前茅，國中以前我沒有花太大的力氣唸書，就可以考第一名，聰明伶俐是老師和鄰居給我的評語，但是「聰明」並不是人設，頂多是我個人擁有的特質標籤。在鶯歌這個小鄉鎮，我同學的父母大多在工廠裡工作，所以我沒有深刻的體認，一直到進了北一女這個人才濟濟的學校，很多同學都是家裡精心栽培的優秀孩子，因為有資源的家庭背景，在大家眼中他們出身不凡。

我才明白，「工人的女兒」才是這個社會裡大家看到的我。

你覺得我在講階級意識嗎？在這個資本主義掛帥的世界裡，你不能否認社會裡的確有階級這件事。

拿我自己兩個兒子來舉例，長得酷又帥，從小學鋼琴和打擊樂，一個玩音樂，一個打籃球，才華洋溢；媽媽在時尚圈工作，所以他們也熱愛打扮；念的是國際學校高中部，未來到國外念大學。他們的這些先天條件，源自我的基因、我對小孩的教育方式，還有我的經濟能力。很顯然的，「創業家的兒子」這個人設擁有的資源，和「工人的女兒」是截然不同的。

你的家庭背景、你的外貌長相、高矮胖瘦，你的聰明才華……等，這些先天條件是你與生俱來的，這些條件的優劣，影響了你可以獲得的資源，以及你所處的環境，還有你遇到的人，並且影響別人與你互動的方式。

這如同命定般的人設，可以改變嗎？答案當然是肯定的，不然今天你不會正在看這本書。你需要的是引發改變的因子與決心，讓我決心改變我的人設，就是因為我進了北一女。

小時候爸爸只希望我念高職，以後在工廠當會計，可以在辦公室裡吹冷氣，不用像他每天在熱烘烘又吵雜的廠房裡辛苦工作。沒想到我考上了北一女，沒有去念高職會計科。因為進了北一女，我才看見我的每一個同學們，如此的出眾，擁有我羨慕的人生，我意識到自己的人設，發現自己資源的缺乏。

北一女是我人生的轉捩點。想要翻轉人生的決心，加上處在競爭劣勢的覺醒，引發了我想改變我自己的未來人設。

三十年過後，我變成怎麼樣的人呢？來看看我改變的軌跡。

十五歲時，我是工人的女兒，也是北一女新生。

二十歲時，我是到處打工的台大窮學生。

二十五歲時，我是投入公關產業的菜鳥上班族。

三十歲時，我成為母親，也是工作和小孩都要兼顧的職業婦女。

三十五歲時，我是小小公關公司的老闆。

四十歲時，我成為時尚圈最專業的公關人。

四十五歲以後到現在，我已經跨足媒體還開辦了新的線上課程事業。

現在創業家是我最鮮明的人設。

隨著時光飛逝，每個人的人設也會因爲環境和個人角色改變而跟著轉換。對我來說，只有二十歲以前是命定，二十歲後的改變，跟我的自主意念有關。

我喜歡挑戰，因此投入錢少事多又血汗的公關工作；我想要擁有自主的經濟能力，所以沒考慮過辭職在家帶小孩；我想要突破極限，於是我創業再創業。

要改變自己的人設，突破自我的意念很重要，堅持才能享受這場人生的馬拉松。

一切不容易，只要你願意改變，我告訴你如何開始。第一步，你要先客觀的了解自己的定位是什麼？先思考一下自己在生活中是什麼角色？少女、母親還是單身大齡女子？家庭主婦、高階主管還是普通上班族？然後請你用別人看你的樣子，用一句話來形容你自己，而這句話你滿意嗎？

第二步，問自己希望的樣子是什麼？設定你下一階段的輪廓。你可以列表，給自己每五年的人設規劃，用想像的，依據自己的願望和期待，從十五歲的你開始，每五年定義，一直寫到五十歲，甚至更多，記得常常檢視看一下自己改變了多少，接下來要邁向什麼？

年輕的時候我沒辦法像同學出國留學，必須工作養活自己，所以當時我想要賺錢，是非常俗氣但是實際的想法。而一個上班族要靠自己變有錢的方法，就是賣力工作，贏得升遷和加薪的機會，累積資歷成為職場裡的專業人士，這是我改變的開始。

簡單來說，**人設的定義，從你的樣貌，變成了你的階段性人生目標，成為你對自我的要求**。

現在的我還要變嗎？當然！為什麼要一直給自己找麻煩，別人看我現在的狀態不是很好嗎？

我是一個非常有憂患意識的人，我有一種害怕被淘汰的病症。當你沒有自覺，活在既有的框架裡，現在雖然好，也可能隨著時運變遷，讓

——這如同
命定般的人設，
可以改變嗎？

你失去原有優勢。一路走來我有很深的領悟，我從沒有條件變成具有優勢，但是原本走在我前方的多少人已經停下腳步了。所以不要被「比上不足比下有餘」這句話給誤導了，一定要不斷地跳脱舒適圈。

請記得，**雖然你無法決定自己出生時的人設，但是你的自主意識可以決定你的未來**，不管你幾歲，你都能變成自己想要進化的樣子。

要像打手遊一樣，不斷破關 Level Up，你的人生才會 Transform。

岳啟儒，台大中文系，肄業

畢業典禮的隔天早上，我接到教務處的電話，通知我被二一了。

從小念書考試運很好的我，沒有想過居然會被退學，這樣講有點驕傲，但是我考上北一女時的確很風光，因為身處於鄉下學校，五百多個畢業生只有四個人考上，就已經是破學校歷年紀錄了，當年連郵差騎腳踏車送成績單，大老遠就從巷口騎進來一路喊：「四號收信，四號收信，北一女！北一女！」

就讀北一女讓我發現天生的人設不同，台大肄業改變了我的人生態度。

小時候在工廠裡，看著爸爸揮汗如雨，他總是指著廠房外的工廠辦公室跟我說：「妳長大要找一份好工作，最好是去當會計，妳看看會計小姐都在辦公室吹冷氣辦公。」這是我父親看到的世界，也成了他對我的期待。

當我念了北一女準備要考大學，爸爸希望我考師範體系的大學或學院，因為都是公費，能減輕他的負擔，而且他覺得公教人員的工作是鐵飯碗，一輩子安穩無虞。他也期待家裡能有一個老師，在他心中老師是讓人尊敬的職業。當時一心想去念台大的我，跟爸爸說如果我考得上，我想念台大，我可以半工半讀不跟家裡拿錢。

終於我如願以償考上了台大，搬離家裡到台北就學和生活，我也說話算話，自己打工支付學費和生活費。等於我高中畢業後，沒有再跟家裡拿一毛錢，完全自立了，爸爸也就在我上大學那一年順利退休了。

意外總是在自我感覺良好下發生。記得當時我的第一志願是台大外文系，但是分數不到上不了，於是我就把文學院的科系排除沒興趣的，其他照分數填入志願表。因為高中時國文老師上課太有趣，所以我錄取台大中文系時其實還蠻開心的，沒想到念了之後，發現和想像中差距很大，文學與創作的相關課程很少，很多古典文學的課都停開，較多的是漢語言的鑽研，都是我沒興趣的領域。

念了中文系發現不是自己想要的，也不是未來想發展的方向，這是當時選校不選系的迷思造成的。沒有先挖掘自己的性向，並且找出未來有興趣發展的志向來選系，卻是為了進台大而填台大，現在我覺得是錯誤的升學觀念，如果我早一點知道自己對行銷公關有興趣，我想我選擇的學校與科系又會大不同。

上到大四時，大家開始思考出路問題，有一位教授在課堂上對我們直接說：「不考研究所的人就是不務正業。」我都已經覺得課程枯燥乏味了，怎麼可能再考研究所？心裡覺得教授的話語是另一種歧視，歧視成績非優秀者，也證明了繼續升學念下去，恐怕會像這位教授一樣固守在象牙塔裡，但是我嚮往的是外面的世界。

被這些話一激，我越發意興闌珊，當時只想混四年畢業，而因為打工的關係，沒時間參加社團活動等，老實說我的大學真的是在虛擲光陰。

沒想到，這渾渾噩噩的心態，讓自己栽了一個大跟斗。因為不想上課學分沒多修，最後一學期因為一份報告遲交被當，少了這科學分，剩下的學分不到一半，總學分不夠就被二一退學了。

然而，厭惡困在象牙塔裡的驕傲，卻讓我遠離了繼續念書的窄路。當時的同學畢業後不是考研究所，就是準備出國留學，大家都想再深造，沒有金援的我不可能做留學夢，更不要說是被退學的狀況。

我想過要用同等學歷考研究所，或者轉系、轉學，但是當時我實在太討厭念書了，覺得我這輩子都在死讀書，沒有發展自己的興趣和能力，我真的不想再念了。

記得我打電話回家哭著告訴爸爸說我被退學了，他一句話也沒責備，只說：「妳去找個工作吧。」

於是我選了最後一條路，先把文憑擱著，去工作。

沒拿到大學畢業證書，是我最大的遺憾。說什麼立志想要改變人生，拿到高學歷來終止我的勞動世襲，現在卻成了笑話幻影。我被二一了，於是我沒有退路，要翻身只能全心投入在工作裡，讓工作為我開創新的機會。而這件事對我直接的影響是什麼？一開始找工作就踢到鐵板，沒辦法到大公司或外商，這些有規模的大型企業面試通過後必須要繳交畢業證書，就算要轉念去考公教職，也需要那紙證書去報名，我失去了台大學霸能有的求職優勢。

後悔嗎？當然！但是我知道沒有用。與其自責悔恨為何作業拖拖拉拉不早點交？上課為何不認真一點？都已經無濟於事，無法改變既有的事實，我只能想著下一步要怎麼做。

我開始鎖定本土企業或小公司求職，在工作裡學習，比修學分還認真，等到工作資歷夠豐厚，外界肯定及在意的就不是我的學歷，而是我的能力。

少年失意總比少年得志好，工作成了我最重要的文憑。被退學給了我深刻的教訓，讓我改變了人生態度，在工作上我更踏實，一步一步累積了我的專業。年輕的時候重重跌一跤是一件好事，如果沒有被退學，我可能還是仗著自己的聰明吊兒啷噹的，以為一切就像我從小念書這麼順，認為一切是垂手可得的。

就業後的我大大改變，變成做事很謹慎的人，因為我知道只要輕忽，就會發生報告遲交造成的慘劇。沒有高學歷，我只能靠工作翻轉我的人設，因此我熱愛工作，甚至變成了一個工作狂。這樣的我在工作上求上進求表現，一步一步走到創業的路。

有時我會想像，如果去唸師範體系當老師，或者沒被二一會是什麼樣的上班族？沒有當時被退學的我，也許今天不會有創業成功的惡魔老闆。

人生有沒有成就並不是現在看到的算數。

回首二十八年前，那個傻傻呆呆的大四生，一失足還好沒有成千古恨，反而爬上了另一個山頭。我大學時要好的一位同學一路念到碩士及博士，現在是中文系副教授，但是她常拿我的例子跟學生說，求學時期會讀書不重要，社會大學的經驗才是未來成就的關鍵。她開著玩笑跟他們說，書念得好有什麼用？大家都坐捷運，但是被二一的同學卻是開賓士來參加同學會的。

沒有畢業只有肄業的我，讓挫折變成我的養分，成了翻轉人設的成長助力。

改變人設這條路峰迴路轉，最後藉著工作我翻過山頭了，前方還有更高的山要翻過，我相信現在的我更做得到。

爸爸頭七給了我創業第一桶金

爸爸過世留給我的不是錢，是能量，促使我開始創業。

在當老闆面試員工過程中，我發現很多人的資歷有斷層，尤其是年輕人在工作一段時間後，就會想要轉換職場，而這段工作資歷常常不到一年，轉換的過程常會藉此休息一下，半年、一年、兩年是很常見的事，所以要遇到紮紮實實在同一個公司工作三年的人才，機會少之又少。

像我這樣每一份工作幾乎都是無縫接軌的人很限量，連失業或轉職在找頭路面試待業中，也不會超過一個月，因為我沒這本錢，我需要薪水付房租和吃飯。踏入社會後我從沒有想要停頓的念頭，一直到我三十一歲那年，已經工作了將近十年，是我第一次想要停下來，不給自

我把它當成
爸爸最終的期待，
而我這次
沒有違逆他

己設定方向和時間表，就是單純的停工讓自己空白一下。

當時的公司已經待了六年，我是最高主管，但是我開始有了職業倦怠，不確定自己要不要再做公關這一行，才有了休長假的念頭。離職後也沒找工作，只想要休息放空一下，沒想到爸爸就肺癌復發。

抽菸五十二年的老菸槍，得了肺癌也不後悔，積極面對治療，開完刀切除肺葉八個月後又復發，這位老兵瘦了一大圈，遵從醫囑做放射性治療。

原來放這個長假是老天的用意，讓我陪爸爸走最後一程。一直工作繁忙的我，只有過年過節才會回鶯歌老家和父母團聚，自從大學搬離家裡之後，很少有長時間和爸媽相處的時光，就在爸爸生病後，我獲得了最後陪伴爸爸的機會。

癌症治療需要一段時間，爸爸總是大老遠從鶯歌坐車到台大醫院，因為辭職沒有工作，我終於有空可以常常陪爸爸去看診。候診的時間很長，我們又可以談天說地，挽著他的手臂走在醫院裡，赫然驚覺這手臂

我把它當成
爸爸最終的期待，
而我這次
沒有違逆他

已經沒辦法讓我和妹妹吊單槓了，不只是因為我們長大了，看著他的瘦弱我才發現爸爸老了。

那日他因為喘不過氣來，進了急診室，當晚就因為呼吸困難又進了加護病房。在加護病房的一個月，是爸爸給我們的倒數時光，每天一到探訪時間，我們就進去跟他說說話，幫他按摩腳、擦擦臉，一直到他離開我們。

這個月是爸爸給我們的適應期，讓我們做好心理準備他再離開。

爸爸過世後，我們遵循所有佛道儀式，雖然爸爸在世時很灑脫，是個不被俗套制約的人，但我們知道他疼母親，做這一切都是為了讓母親安心，他也會因為我們順母親的心意覺得欣慰。

頭七拜拜完那一天，我接到一通電話，竟是爸爸留給我的最後一桶金。電話那頭是一個多年不見派駐國外的友人，已經回國在一個知名大藥廠工作，他打來問我能不能介紹公關公司給他？他的公司要舉辦重要的大活動。我直覺回他：「不如你找我吧！」當時的我在休息中，但也偶爾應過去客戶的請託，接案幫忙解決難題，套句現在流行的職銜，我是Freelancer。

不知哪裡來的勇氣，從來沒做過藥廠產業的相關經歷，居然向友人表達想接案，而友人也基於在過去其他產業和我合作過的經驗，相信我的能力，把這個大案委託我。我莫名覺得這是爸爸給我的案子，因為從提案過程到執行都很順利，這個大藥廠也沒有因為我只是Freelancer而有疑慮。

跨產業治好了我的職業倦怠，讓我肯定自己的能力。

這是一個藥廠品牌CEO訪台歡迎會的案子，也是內部員工的企業公關活動，讓CEO感受台灣之美，並藉著這個機會凝聚公司的向心力。

雖然我不懂藥品的專業，但是歡迎會的主軸是台灣味兒，辦主題派對，是我的專精也是興趣，活動刻意選在中式風格的圓山大飯店舉辦，所有細節都要呈現東方元素。表演節目我邀請了台灣知名舞團太古踏，所有餐點依主題客製，我們請飯店創作了台灣美食的縮小迷你版，還準

我把它當成
爸爸最終的期待，
而我這次
沒有違逆他

備了書法和印章送給遠道而來的ＣＥＯ，當成伴手禮。

說起來簡單，雖然還不到精品等級的細緻規劃，但是來訪的是全球ＣＥＯ，活動貴賓層級之高，所有的細節輕忽不得。我發現原來辦活動真的是我的強項，我的倦怠只是不知道原來我的能力在別的產業也很有優勢。

創業需要資金，如果不是這個案子讓我賺到錢，我可能不會有開公司的念頭和勇氣。因為職業厭倦的我本來想轉行，和朋友去批貨做童裝生意，只是心裡總沒有做生意的動力。在這個活動中我隱藏的公關魂又出來了，那種征服客戶的成就感，我可以自己決定接案與否、訂定提案的內容方向，客戶道謝的對象是我，賺進營收放入自己口袋，讓我體驗到當老闆的爽度與快感。這一檔活動讓我賺進了第一桶金後，我就把手上股票賣一賣，兜成創業資金，開始去租辦公室買辦公設備，招募人才正式開業。

這通電話玄嗎？不得不說我相信這是爸爸了解我，冥冥之中為我引路。這次不是當會計或老師，而是當老闆，我把它當成爸爸最終的期待，而我這次沒有違逆他。

這輩子的好運氣是遇到爸爸開始，他說的每一句話、他的身教，影響了我人生中諸多的決定，爸爸是我生命的貴人，沒有岳思根就沒有今天的岳啟儒。

1

1. 七歲母親嫁給繼父搬到鶯歌後首張全家福
2. 住在台北時有時要幫忙看顧妹妹
3. 在台北時一家四口住在一個分租的雅房，房間同時是客廳、餐廳和房間，吃飯睡覺都在裡面

2

3

1

2

3

1. 剛上高中時全家拍攝全家福
2. 父親在世最後一年抱著孫子（我的大兒子）的身影
3. 生病前的父親身子仍硬朗，拍照總是笑咪咪、老菸槍菸不離手

1

2

3

4

1. 念北一女時最要好的死黨
2. 幫左三戴眼鏡的好友慶生、高三時她幫我帶了一年的便當
3. 高中畢業旅行在墾丁的獨照
4. 大學時與同學一起去武陵農場的獨照

1

1. 高中畢業旅行與死黨在墾丁合影，說好一起買全套一樣的服裝穿著出遊，我的零用錢只夠買上衣，短褲 299 元是其他人一人出 50 元買給我
2. 大學畢業旅行去澎湖與同學合影
3. 大學最要好的閨蜜在畢業典禮後合影，讓我轉念不再憂鬱的 A 也在其中

2

3

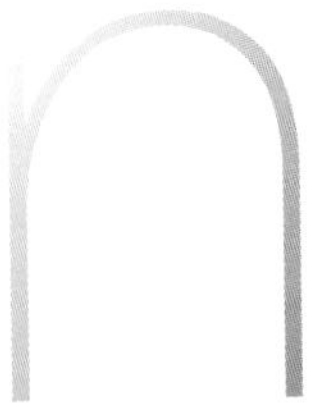

Woma

我是女人

幽暗的盡頭必定有光

一個人走在幽暗的隧道裡，我得告訴自己，盡頭必定有光。那是撐不下去時的心理建設，正向思考才不會讓自己步入絕望。

事發之後，朋友給我助眠的營養品，擔心我無法入睡，但是我卻沒有睡不著。也許是用工作填滿白天，忙碌讓我疲累，晚上一躺上床，即使想起自己遭逢的事，也能氣憤地握著拳頭進入夢境。

我從不害怕人生給我的考驗，我已經習慣正面迎擊，但是……我卻害怕早晨睡醒，哀傷如迷霧瞬間襲來，隨著呼吸滲進心肺血液，沒有一絲一毫覺察，就悄悄滿溢每個細胞裡。

我有朋友，
我有工作，
我知道我不孤單，
但是這個情緒的坎兒
必須獨自度過

不知道為什麼，早上的我特別憂鬱，有時睜開眼不想起床，望著天花板，心裡想著這一天又開始了，淚水就從眼角滑落；日光宛如眼淚的誘發劑，拉開窗簾看見陽光灑落屋內，我再也忍不住，就坐在地板上嚎啕大哭半小時。

那種哀傷的感覺總是在我一個人獨處時突襲，當我在沖咖啡時，當我在打電腦時，當我走在馬路上等紅綠燈時……如風一般迎面拂來，無來由地悲從中來，而我莫名落淚。我納悶著、氣憤著，過去自豪的樂觀和正向怎麼消失了？我心疼自己的模樣，不知道這一切何時會結束。

原來我的心有兩面，一面剛強，一面如玻璃般的易碎。

大家都說我很堅強，我也知道自己很堅強，我從來沒有想要假裝堅強不讓人看見脆弱，但是沒有人能理解那些被哀傷吞噬的早晨。

想起上一次長時間的難過哭泣，是十九年前爸爸過世時，當時的感覺是思念，是溫暖的哀傷；這一次的哀傷摻雜著憤怒，是冷酷的凝滯，令人窒息。

——

我有朋友，
我有工作，
我知道我不孤單，
但是這個情緒的坎兒
必須獨自度過

我問老天為什麼？為何要剝奪我認真建構的幸福？我問自己為什麼？為何如此天真，以為人生就此平順？

我想起十年前我的好友婚變時，她應該也歷經了同樣慘烈的心碎，我思索著當時的我陪伴她，我理解她的痛苦嗎？直到現在我才能說，我能感同身受了。

我有朋友，我有工作，我知道我不孤單，但是這個情緒的坎兒必須獨自度過。

在我的私訊裡滿滿的慰問當中，有許多認識與不認識的朋友，分享了他們最私密的創傷來安慰我，表達他們的同理心，也用曾經的經歷給我建議，希望我能漸漸走出陰霾。

其中有一位七十歲的陌生大姐傳訊息給我，告訴我她在四十歲時婚變，這個打擊對家庭主婦的她宛如天崩地裂，沒有工作也沒有依靠，度過了一段吃安眠藥才能入睡的日子。但是這個事件也讓她意識到，過去為了家庭失去了自己，原本高中學歷的她決定為自己而活，於是重回校園，開始自立自強讀了大學和研究所，後來還考了烘培師執照。她告訴我，如果先生沒有外遇，她不會是今天獨立自在的樣子，她喜歡現在的自己，這個創傷竟成為人生給她的養分。

這是她三十年後的樣子，我知道三十年後的我肯定也不一樣，但是現在的我怎麼過？

新聞後受邀參加Podcast《吳淡如的人生實用商學院》的訪問，她笑笑地鼓勵我：「等妳再過幾年有些年歲，就會發現這個事件不過是漫長人生的一個點。」我知道這個點隨著歲月就會漸漸淡了、過了。

每個人都說需要時間，但是沒人知道要多久。

為了讓自己暫時脫離，我去了一趟美國，以為越洋散心可以擺脫低潮，殊不知休假沒有工作，才是我最難熬的時刻，悠閒的街道與遼闊的大海，並沒有治癒我悲傷的病症。

直到我在舊金山接到A的越洋視訊電話。

——

我有朋友，
我有工作，
我知道我不孤單，
但是這個情緒的坎兒
必須獨自度過

A是我大學最要好的同學，她在視訊中告訴我她得了癌症，準備要開刀及接受治療，我驚訝地一句話都說不出來。一個月前我們還溫馨相聚，聽著她安慰我，沒想到世事難料竟是如此快速又戲劇化。她說以後沒什麼事好拚好計較了，現在她要拚的是「五年存活率」。

我看著A帶著笑容跟我說著壞消息，覺得這一切實在太諷刺了，她是我們閨蜜中公認最幸福的人，卻收到最難的考驗，這個考驗要和老天搏鬥，要和生命賽跑。

我才領悟到，當老天爺要給我一個關卡，如果不是這個事件，取代的可能就是一場病痛？那我要選哪一個？男女情愛在生命攸關時刻，頓時顯得渺小。以為很重要很在意，一切突然變得不重要不用在意。

當你轉念，才能獲得救贖。

A面臨開刀及治療的疼痛與難受，還有對生死的恐懼，也許她也在心裡問了無數遍為什麼？她的功課更難更辛苦，卻選擇用微笑勇敢面對，相形之下，老天爺給我的課題似乎簡單多了。

我想著，我要擁有A的勇氣。

從那一天起，我沒有再陷入糾結憂傷的情緒，我不再一個人莫名的哭泣。我知道即使被打趴在地上，我也要靠自己站起來，而且我會站起來的。

因為幽暗的盡頭必定有光。

手洗衣服看男尊女卑

女性獨立意識和叛逆個性，天生種在我的DNA裡。

我的母親是一個非常傳統的女性，生長在日據時期的二〇年代，接受日式小學教育，因為家裡貧窮，台灣光復後無法繼續升學，所以大字不識一個。

她是一個非常勤勞的女性，有著以家為重、以夫為貴的傳統美德。要工作又要持家，她仍然把家裡打理得相當乾淨整齊，對於丈夫及子女的照護無微不至，大清早天未亮便起床做家人的當日便當，連水果都削好切好送到我們面前。每天做完晚餐一定要把廚房先刷洗乾淨，老爸怎麼催一起吃飯也催不動，常常我們都已經吃一半了她才上桌吃飯，所以

所有我面對
男尊女卑思想的
行為及話語反叛，
成了母親的
不能理解

老爸總說母親是天生傭人命。

我想母親是不是潛意識裡有著上輩子的傳統記憶，女人要等男人吃完飯才能上桌？

母親對我而言是養育者和照顧者，但是在思想的教育和交流上，我和她信仰的道理完全背道而馳，我的母親永遠想不透，為何她的女兒總是和她唱反調，不能像別人家的女兒聽話，做她認知裡女人應該有的樣子。她這個大女兒的不聽話從很小就開始了，總是因為我對於她說的話覺得沒道理，而她又無法說服我而生氣。

老爸心疼母親的勞累，也覺得小孩要做家事才能自立，所以我和妹妹從小就被分配家事工作，洗碗、拖地、打掃、洗衣服，隨著年紀不同做的事情也不同。

記得我小學六年級時，被分派幫媽媽洗衣服，當時家裡沒有洗衣機，只能坐在塑膠小凳上，就著洗衣板在大盆裡搓洗。母親有潔癖，總是覺得家事她自己做才放心，不然也得照她的方式，所以第一次洗衣服

所有我面對男尊女卑思想的行為及話語反叛，成了母親的不能理解

時，母親特別在旁監督，她教我先洗大件衣褲，再洗小件衣服，然後是內褲，最後才是臭襪子。她特別交代，內褲要先洗老爸的，然後是我和妹妹的，最後才洗她的。

我問了句：「為什麼？」

母親說：「沒有為什麼，從以前到現在都是這樣的，要先洗男人的。」

偏偏從小我就愛打破砂鍋問到底，「為什麼不能先洗女人的？」

「因為女人比較髒啊！」被我逼急的母親說出了她的信仰。

「爸爸在工廠工作，又臭又髒的，衣服才是髒兮兮的吧。」

沒有得到我滿意的答案，我就不會聽話照做，加上我又是喜歡照自己方式做事的人，於是我當著母親的面先洗她的內褲，最後才洗老爸的，一切反著來把母親氣的半死。

當時的我年紀小，不懂母親說的「髒」是什麼意思。其實母親的信仰就是男尊女卑，表現在人生當中，限制了女人可以做的事，以及相比男人的不如。

所有我面對男尊女卑思想的行為及話語反叛，成了母親的不能理解。中學時母親要我學做菜，她認為做菜是女人的本份，未來才能當好妻子好媽媽。當時我完全不想學，因為這學做菜的動機完全沒道理，而且當好妻子好媽媽不是我的人生目標，所以我只跟她說有一天我想學做菜時，就會做了。長大後因為對料理有興趣開始自己鑽研，現在我做的菜比母親厲害，而我有很多女性朋友完全不下廚，仍然是好妻子好媽媽，證明這兩者完全沒關係。

大學租房子和學長學姊男女合住，母親覺得有點沒規矩。我卻回她「有男生同住才安全不怕小偷啊！」

「為什麼妳不嫁給醫生？後半輩子就可以輕鬆了。」母親的想像中婚姻是女人的堡壘，這堡壘最好能選世俗認定最好的。我跟母親說，「我不想當醫生娘，可以的話我自己當醫生比較好。」可惜成績不夠好考不上，哈哈。

「一個女人家為什麼工作要這麼忙？」「妳一個人去出差行嗎？」「大

所有我面對
男尊女卑思想的
行為及話語反叛，
成了母親的
不能理解

半夜一個人坐計程車回家好嗎？」母親常對我叨叨絮絮，說是對女兒身體和安全的擔心，其實她是不能想像一個女人可以像男人一樣自由。

連我離家出走時母親還打電話來罵我，「當媽媽的怎麼可以把兒子丟在家裡？」她也許忘了我兒子已經十七歲，她認為不管發生什麼事，女性就是該先想到家庭和家人，委曲求全顧全大局。

而對於我妹妹連生兩個女兒，人家婆婆沒說什麼，母親卻嫌棄妹妹肚子不爭氣。在她的世界裡男人比女人有用，生兒子對女人未來才有保障，不然像她只有兩個女兒，人生沒有依靠。我卻跟母親說，「妳這輩子沒有媳婦來氣妳，算是很好命了。」

我的母親今年八十六歲，從時代的差距可以理解她的思維養成情有可原，我一點也不怪她，但是我也不會因為愚孝完全聽命於她，而忘記自己想要成為什麼樣的女性。我與生俱來的叛逆個性，以及男女平權和女性獨立的意識，即使在母親的傳統守舊意識灌輸之下，卻一絲不減。

最妙的是，代表父權一方的老爸，跟母親的觀念完全相反，他從來沒跟我和妹妹說過女人應該如何如何的話語。

男尊女卑是古時女人在父權社會下受到的洗腦，隨著近百年來女性教育權的逐漸普及，男女平權的觀念也漸漸彰顯，但許多約定俗成的觀念沒有被破解，仍然一代一代的傳遞，即使現今二十一世紀，社會框架並沒有與時俱進，仍然有許多女性在潛意識、行爲上，主動或被動地認為男人在女人之上。

我看過許多不分年齡的女性，仍然存在著傳統男性為尊的思想，對於自己遭受到父權框架的制約不自知，或者只能順從，或者不願意改變，因為自立自強太辛苦了。最可怕的不是男性仗著父權優勢對女性的壓迫和控制，而是女人對自己的洗腦，以及對下一代女性的禁錮教育。

現今仍有許多母親灌輸女兒「找個男人依靠是終生職志」的思想，人生成了一場賭注。**嫁對人不代表終身幸福，獨立才是**。

我不提倡大女人主義，女性獨立並不是要打倒男人，男女平權是給女性和男人同樣可揮灑發揮的空間，這個過程女性必須自己付出努力，

所有我面對男尊女卑思想的行為及話語反叛，成了母親的不能理解

就像古時男人要負起狩獵的責任，現代男人從小被教育要有成就沒有退路，甚至可以說男人的獨立養成也是辛苦的。在不滿男尊女卑傳統思維的同時，唯有女性自己練習不依賴、不再把目標鎖定在長大找個好人家、面對職場的辛苦也沒有回歸家庭的念頭，才有資格談男女平權，女性才能真正的活出自我。

我的母親認知裡女人該有的樣子，就是女性安份持家以男性為尊的角色，她唯一能跟自己抱怨的就是如果她的女兒我是男的就好了，一切言行都合理了。我也想過如果我是男的，母親是不是會對我非常滿意？我的思想行徑也不會被冠上強勢的大女人標籤。

但我就是真真切切有獨立思想的女子啊！

爸爸總說長大要找個好工作，從沒要我嫁個好男人

我承認，我對於把自己交在男人手上完全依靠過活，是不信任也沒有安全感的。依靠男人並不是百分之百安穩妥當，就算他不變心，也可能短命，我的生父就在我六歲時過世，母親頓失依靠。

很多像我母親這樣的傳統女性，嫁了人只要以家庭為重，操持家務，把老公小孩照顧好就行。我的生父本來開印刷廠，日子過得還行，誰能想到他三十幾歲就染上賭博，還生了病，母親的人生風雲變色，只好開始外出工作，卻因為她會的就是家庭主婦擅長的事，所以也只能幫傭，收入微薄。

依靠男人
並不是百分之百
安穩妥當，
就算他不變心，
也可能短命

生父過世之後，母親選擇改嫁，帶著我和妹妹依靠了另一個男人，再度將自己交給命運，只是這次母親很幸運。

我有時會疑惑，爸爸為何要和母親結婚？職業軍人退伍的他有終生俸，也有工作，一人飽全家飽，多養三個人他就無法像原本一樣逍遙過日子，甚至生活開始壓得他也要辛苦喘氣。

我想是他的好心地，不忍心看著一個女人帶著兩個小女孩清苦地討生活。

爸爸很疼母親，母親再婚工作幾年後，爸爸看出她其實不想工作，就叫她辭掉待在家裡專心做家庭主婦，而當時我和妹妹漸漸大了，正是家裡最需要用錢的時候，爸爸就一肩扛起。

妙的是，我爸爸是個好男人，成為母親後半生的依靠，但是他從沒教我們同樣的邏輯。他是個明白人，十八歲飄洋過海到異鄉，即使他是男人也面臨無親無故無依無靠，他知道不論男女在這世間只能靠自己。

也許是被爸爸當男孩子養，從小我就被教育要自己掙錢、省錢、存錢，一定要能養活自己，他的自創金句是——人不算計一世窮。

他的算計指的是每個人要未雨綢繆、自立自強，他也把「必須以工作付出來達成自身欲望」的觀念落實在對我們的教育裡。爸爸會給零用錢，但是額度只夠支付零食花用或是留校晚餐，超過這些基本花費的其他享樂需求，像是和同學去看電影，爸爸一律不答應。他不會阻止我去，但是不會給我錢。所以從中學開始，我就在有限的零用錢裡盤算，精省每一筆花費，用剩餘的錢來買我喜歡的專輯唱片，或是和同學吃喝玩樂。我的功課很好，但爸爸從來不會用成績做為打賞理由，因為他說念書是為自己念的。我所有特別想要擁有的東西都要自己想辦法賺錢來買，我總是埋怨爸爸小氣，長大後才明瞭，他一個人工作的確也供不起我們的物質欲望。

記得國中時，我非常想要擁有一台隨身聽，當時叫Walkman，可以放入音樂卡帶，戴著耳機走在路上聽著自己喜歡的歌，真的是一件很時髦的事。我知道爸爸不可能花三千元買給我（當時他的月薪只有一萬多

——
依靠男人
並不是百分之百
安穩妥當，
就算他不變心，
也可能短命

元），於是我提出了暑假去工廠打工賺錢的想法。爸爸答應了，我也體驗了工廠裡沒空調冷氣揮汗如雨的辛勤，一個月後我用打工的錢買了日思夜想的隨身聽。

就這樣，我養成了習慣，想要什麼東西自己賺錢買。

爸爸嚴格嗎？他把我們當小阿兵哥，管理生活習慣到言行態度，成為有家教、不奢華浪費的小孩。爸爸疼我們嗎？家裡每天晚餐四菜一湯，還有水果可吃，沒有讓我們過著刻苦的生活；當鄰居的孩子都去工廠幫爸媽工作賺錢補貼家用，他沒有這麼做。我想去打工是為了我自己的物欲，犧牲假期換取收穫，還是要輕鬆過暑假但是捨棄欲望，是我自己的選擇。

要不精省過日，不然就想辦法賺錢滿足，這是他教會我的。

爸爸從來不是說教的人，他總是輕鬆明白地傳遞他的思維。在男女平權的教育上，他不會說出女人應該怎麼樣，或是不該怎麼樣，這些話都是身為女性的母親說的。當母親說出這類傳統謬論時，他也不置可否，不會去抨擊或辯論，他用他自己的生存觀念來告訴他的女兒，不是身為女人或男人的道理，而是身為人應該怎麼做。

上了大學後，母親關心的是我有沒有交到家世好的男朋友，後半輩子有沒有著落，對於女兒的未來，母親和爸爸完全不同調。即使爸爸的年紀還比母親大上六歲，卻沒有八股傳統的想法。爸爸問我的從來都是「妳以後要做什麼工作？」雖然他是工人出身，但是卻能聽我分享工作的未來性，他的世界很小，但是心念很寬闊，他的女兒可以很能幹，甚至比男人能幹。因為在他心裡，**女性可以不依賴男人，扛起自己的宇宙**，這應該也是他對女兒的期待。

爸爸從沒跟我說過「長大要找個好男人嫁了」這種話，他總是叫我「要找個好工作，要養活自己。」

靠工作養活自己，這句話深深烙印在我的心底。

女人啊！不要害怕蠟燭兩頭燒

這個世界的確對女性不公平，
面對工作和家庭好像必須抉擇，最後犧牲的總是自己。
那是因為在傳統教育裡沒教妳——女人應該為自己而活。

從離開學校開始，我的工作資歷就不曾間斷過，即使是離職暫停的狀態，我也是在打工或接案，沒有讓自己悠閒地停頓過，更不要說生了小孩後成為職業婦女，兼顧工作與育兒，忙碌不堪，我也沒有因為疲累而離開職場、放棄工作。

我常常跟年輕女孩分享，尤其是結了婚面臨懷孕階段的女性，提醒她們不要抱著孩子就母愛大噴發，因為太愛小孩分秒都想擁入懷，就想辭職回家專心帶小孩，因為這樣的決定，會在多年後造成妳的恐慌與失落。

我見過不少優秀的女性，做了回歸家庭的抉擇，但是孩子可愛的階段有限，十幾年後孩子變成青少年，不再黏在身邊，母親心裡感到無比空虛，而脫離職場多年後，與另一半缺乏共通話題可聊，甚至因為沒有工作歷練而與社會脫節。

就算有機會再回職場，世代交替太快，工作技能銜接不上，只能做比過去簡單的事務型職缺，這些職缺幾乎都是沒有發展性、取代性也高的工作。而職場是現實的，這些簡單的工作有更多年輕妹妹與妳競爭，他們初入社會薪水要求比妳低很多，妳會發現自己已經失去競爭力。

孩子很可愛，但是成就自己的人生更美。

我生完老大後，在坐月子時期就巴不得立刻回到工作崗位。我的孩子很可愛，我也很愛他，但是每天關在家裡與他相對，哄他餵他照顧他，無法為我帶來任何成就感，心裡其實越來越空虛。

孩子三歲以前最可愛，對母親來說也最辛苦，因為是最黏母親的時候。女性要抗拒與生俱來的母性，選擇成就自我，的確是一件很困難的事。加上白天工作、晚上回家帶小孩的蠟燭兩頭燒，很多人難以撐過這樣長期睡眠不足的累。我記得生完孩子剛回公司工作時，在開會的時候我竟然累到可以瞬間睡著。

沒生孩子時，很多人有著美麗媽咪推著娃娃車漫步公園的憧憬。我在大兒子一歲時，因為長年工作倦怠而離職，當時也夢想著帶兒子逛公園曬太陽的情景，沒想到第一天我們出去繞一圈我就放棄了，因為週間的公園裡，都是外傭推著坐輪椅的老人，媽媽們帶著幼兒，看顧著他們在遊樂器材爬上爬下，畫面每分鐘都在重複，我彷彿墜入無聲的靜止時空，人生也就此定住。我驚覺這樣的生活實在是太廢太無聊了，下午立刻約了朋友商談我的職涯規劃。

工作看的不是現在賺的薪水有多少，職涯不間斷持續發展，才會為你累積財富。

有些女性是因為沒有幫手帶小孩而辭職，他們有一個錯誤的觀念——因為褓母的費用高，去上班的薪水幾乎都拿來付給褓母了，就想要辭職回家自己帶。而當父母兩人必須有一個人犧牲工作發展，這個人往往是媽媽，因為女性薪水通常比男性低，以及母性框架，認為孩子最需要母親的照顧。

我真的要說這個觀念耽誤了很多女性的職業發展，雖然妳現在賺的錢都付給褓母，但是薪資會成長的，繼續工作妳的收入有一天會大於褓母費的。加上妳賺到了處理事情的能力，是永遠屬於妳的，能力暫時無法量化，但是不停頓的累積，就不會斷送妳的職涯發展，也會讓妳在孩子稍微長大後，想要全心投入衝刺時，能夠握有金鑰。

最可怕的是在工作遇到挫折，把「回家帶小孩」當成妳的後路和藉口。

我有朋友因為孩子上幼稚園後，放學沒人幫忙接回家，當時被主管刁難的她，辭掉了工作回家帶小孩，十年後等小孩上高中了，想要二度就業，曾經是專業經理人的她，只能找入門的行政工作，懊惱於自己對於辦公室軟體硬體不熟悉，要學的電腦和手機科技太多，常接受年輕同事的奚落，甚至因此想再縮回家裡。

不管當初回歸家庭的原因是什麼，決心二度就業的女性，已經錯過一次，一定要厚著臉皮咬牙撐下去，再放棄就真的與職場永別了。

女性要兼顧家庭和工作的確是辛苦的，妳需要非常努力，才能跨越職場性別歧視。

我不諱言，有婚姻和小孩的女性是職場裡的弱勢，許多公司在錄用人才或是考量升遷時，不會優先考慮女性，有小孩的女性，公司會擔心她掛心小孩，沒辦法在工作上全力以赴；面對單身女性，因為擔心她很快就結婚有小孩，接著就會以家庭為重，也需要撥出時間照顧小孩，無法全心全意為工作付出，甚至有辭職回家帶孩子的可能。

這是公司不想投入資源栽培女性員工的原因，我自己也曾經因為懷孕被老闆覺得沒有戰鬥力，公司還要花費產假在我身上，認為我對公司的貢獻不如以往，直接在我的獎金上打折扣。

最終女性被貼上「不想工作」、「不把職場成就放在第一位」的標籤，影響的是眾多有企圖心的女性發展。

職場男女不公平嗎?的確是，但也是許多女性畫地自限造成的，不要說是因為無法改變只好妥協，我們還是可以看到很多不放棄工作的職業婦女，在職場上競競業業，甚至發光發熱。

不管是好萊塢還是台灣，不管是職場還是家庭，我們都期待男性與女性同工同酬那一天的到來，在時候未到的現在，與其抱怨大環境不公，不如先證明自己不是被標籤化的女性。

職場男女平權尚未成功，身為女人仍須努力。

只有錢還不夠，工作才能給女人底氣

如果沒有錢也沒有工作，面對先生外遇我的做法會不一樣嗎？

一早匆忙的抓了兩件衣服塞進大包，跳上Uber坐到朋友家，花了五百元，離家出走的行動迅速；決定先在外頭冷靜，不想回家，於是上網訂了一個禮拜的商務飯店，完全沒比價；和律師面對面諮商，律師費是以小時計，而且必須先預付十小時，聽完建議我決定採取法律行動，訴訟費還要另計，我這時才知道原來告一個人要花的錢比一個香奈兒包還貴。但是我毫無懸念就用手機轉帳付了律師費，如同我網購時那般快速。

身上沒有錢的妳，能夠像我這樣果斷俐落嗎？

面對人生的低潮，
有什麼事
能振奮人心呢？
我不禁要俗氣地說，
是賺錢吧！

有錢不是你的資產很多，而是你可以支配的自由度有多高。許多女人也有錢，只是她有的是先生給她的錢，先生賺得多的，即使手頭闊綽生活奢華，但是非關家用的私人花費還是要經過先生同意。我就親眼見識過夫妻朋友的鬥嘴，先生貴為董事長，當著我們的面碎念著老婆今年買了幾顆名牌包，這種話我一聽眉頭就會皺起。我當時心裡想著，還好我買包的錢都是自己賺的，愛怎麼花就怎麼花。而先生賺得少的，老婆還得精省度日，台語說生吃都不夠了，想要存點小私房錢都很困難。

所以妳有的錢是自己的嗎？是自己賺的嗎？是可以不受管束自由花費的嗎？如果不是，我希望妳有危機意識，請先預備好離家出走的盤纏。

會賺錢手上也有錢，但是不會理財的女性卻也很多。許多女性認為自己不精通數字，不會也不願意管錢，或是只在一筆家用花費內精打細算去琢磨。大部分女性不願意管大錢，對於金融投資工具沒有了解的慾望，許多家庭裡的投資都是握在先生手裡。我也聽過太多很會賺錢也很會花錢的女性，把錢財交給先生或男朋友來管理的，分手了錢財也空了，或是被另一半投資失利賠光了。

面對人生的低潮，
有什麼事
能振奮人心呢？
我不禁要俗氣地說，
是賺錢吧！

我的朋友在中國擔任高管，年薪千萬卻從不理財，所有的收入都交給先生管理和投資，沒想到在股票市場一夕斷頭，原以為可以提早退休過好日，卻一切都得從頭來過。

有時候把錢交給銀行理專我們都不放心了，更何況另一半非專業人士，如果是我，賺來的錢寧願賠在自己手上我都甘心。

不願管理錢財，對於資產沒有概念，有多少夫妻在分道揚鑣時，女性因為不清楚共有財產的價值，只能被迫接受對方說的數字，如果遇到先生兇狠預先脫產，什麼也拿不到。

女人說自己數學不好真的是逃避的藉口，把錢財資產弄清楚，需要的只是算術。

有人問我，有了錢還要工作嗎？我要問，有了錢真的就能不工作了嗎？有不少女性承繼自原生家庭的庇蔭，手頭寬裕，房子車子都有了，一輩子不愁吃穿，所以覺得不需要工作，也真的就不工作。

最可怕的是沒有富爸爸、富媽媽的女性，還在交往期間，就把交往對象當成經濟依靠，讓自己遠離工作。

年輕時有位同事非常優秀，我們一起在公關業共事，這個行業比一般人的工作辛苦疲累很多，但是成就感和自我成長是爆棚的。本來和我一樣沒有家庭資源可以依靠、必須工作養活自己的她，男友給了她另一個選擇。

男友是跨國的金融家，收入優渥，覺得她的工作太辛苦了，希望她辭掉工作，搬去香港陪他，於是她讓自己躍上枝頭去當鳳凰了。那些年她陪著他出差順便旅遊，飛到各地享用米其林餐廳，全世界都玩遍了，男友也對她非常大方，不時用精品加持，她享受到了上流社會才有的生活。

在男友忙碌的時候，她感到空虛寂寞，在電話那頭跟我訴說她的遺憾，有能力的女孩，心裡總掙扎著自己沒有發揮。就在要論及婚嫁時，男友出了車禍身亡，晴天霹靂的她什麼也沒了，不是太太只是女友，只能打包回台，回歸到一般人的生活，多年沒工作的她，就得在職場裡重新站起，從零開始。

面對人生的低潮，
有什麼事
能振奮人心呢？
我不禁要俗氣地說，
是賺錢吧！

因為發生在身邊的這些故事，讓我更堅定地主張女人要工作。不管單身與否，無論有錢與否，我都不贊成女性停止工作。停止工作就是停止了能力的成長、人脈的拓展、社交的應對、還有社會的學習。許多女性不工作，於是四十歲了還在用二十歲的邏輯判斷事情，活在自己編織的天真蜘蛛網裡。單身女性生活無味，家庭主婦眼界狹隘。

我並不歧視不工作的女性，我只是鼓勵女性要有求生能力。如果你曾經為了家庭孩子放棄工作，就要快快為自己的人生找到停損點，因為你的自我正在流失當中，二度就業是你重新開始的機會。

我知道像我這麼愛工作的女性很少，我的確是不折不扣的工作狂。本來支持我持續工作的原因，是因為賺錢花用的自由，不想花錢還要看臉色，更想要財富自由。

我萬萬沒想到我是工作狂這件事，竟然成為面對挫折時支撐我站起來的力量。當朋友紛紛問我為何面對先生外遇及新聞事件可以這麼勇敢？為什麼我沒有崩潰而一蹶不振？我想，應該是工作給我的訓練吧！

事發第一天下午，我有一個推不掉的線上會議，於是我強打起精神，關著鏡頭進入會議討論，我才發現工作讓我潰堤的情緒暫時緩解，開會時思考公事讓我的大腦無暇難過，參與會議的人都沒發現異樣。

因為不好意思臨時取消訪問，當天晚上我還是去錄Podcast《我愛上班》訪問來賓，沒有告訴我的搭擋主持人郝慧川我發生了什麼事，即使內心天人交戰，我還是撐著錄完。

因為要面對工作，我就必須讓受到打擊混亂的腦子重新整理，不斷的reset。

包括決定採取法律行動，以及應變新聞曝光後的公關危機，雖然傷神，但是習慣高強度工作下解決難題的我，即使心情低落，也能冷靜下來深思熟慮的作出決策。而那段日子因為沒有停止工作，也讓我的注意力轉移，心情才可以漸漸平靜，讓生活繼續前進。

我不敢想像一般女性遇到這樣的打擊會怎麼樣？原來我的底氣是工作給我的。工作給的養分，不只是薪水和專業技能，更重要的是面對人

面對人生的低潮，有什麼事能振奮人心呢？我不禁要俗氣地說，是賺錢吧！

生變數的能力。不是每個女性都會遇到婚變，但是天災人禍不可抗力的因素這麼多，老天爺給難題時是不分對象的。

面對人生的低潮，有什麼事能振奮人心呢？我不禁要俗氣地說，是賺錢吧！完成工作就會有錢，認真的說，我喜歡賺錢，所以在這段心情低潮期，我工作得更賣力了，有業績、有錢入帳，空虛的心裡才有了一些踏實。

那種踏實感是什麼？賺錢是自己掌握在手中的，比起愛情和婚姻更加牢靠。工作帶來收入，讓女人自由不被誰制約；也帶來能力，情傷時可以用工作療癒自己，一旦人生危機爆發，妳還能思考，並且擁有做決定的勇氣！

有沒有工作，決定了一個女性的人生決策。我不說是命運使然，因爲妳是有選擇權的；我想說的是，只有妳自己最可靠，只有工作最穩當，請妳千萬不要放棄工作！

我是說故事的Holiday Mommy

有個觀念我覺得很要不得，
就是「孩子的成長只有一次，不要錯過孩子的成長。」
這句話不知道耽誤了多少優秀女性在職場上發光發熱。

許多女性生完孩子後會母愛大噴發，每天只想抱著孩子抱到忘我，連孩子睡覺時，都想在旁邊靜靜看著他的臉龐，隨著他的呼吸聲，嘴角情不自禁地上揚。

我也是這樣，生完第一胎在坐月子期間，呆看著我的寶貝就會獲得滿滿幸福感，雖然每天關在家裡讓我覺得自己無用，很想回公司上班，但又捨不得孩子，心情十分矛盾，所以銷假上班後，我開始和寶貝有了分離焦慮。

因為我要工作，我請我的婆婆白天幫我帶小孩，所以老大小時候都只跟在奶奶後頭。等到生完老二，我雇用了褓母在家裡二十四小時看顧小孩，老二變得和褓母非常親近黏膩。我記得他兩歲時我帶兩兄弟去香港迪士尼玩，當車子離開家門開往機場的那刻，他立刻開始哭鬧，吵著說：「我要找阿姨！」我的心都涼了，接下來的三天兩夜，晚上很難哄他睡覺，一直哭哭啼啼要找褓母，我頓時覺得自己當媽當得很不值。

幸好我沒有因為這樣的失落感，就選擇放棄工作回家，我真的要說，這樣的階段只有短短幾年，當孩子開始上幼稚園之後，情況就改善了。孩子受到了文明教育的刺激，每天在學校認識朋友，開始發展他的人際關係，發生新奇有趣的事，回到家孩子會想和爸媽分享，甚至有些學習和互動是爸媽才有辦法參與，褓母或長輩只能扮演照顧者角色。

孩子開始上學是拉近父母關係的關鍵。所以我非常鼓勵早一點送小孩上幼稚園，我的兩個兒子都是從幼幼班開始念起，因為他們在家無所事事。有些人的論點是小孩很小就送幼稚園很可憐，這完全是跟不上時代的說法。三四十年前的小孩可以到處跑，自己出家門玩耍，現在因為治安以及交通安全的緣故，小孩沒辦法自己出門，不上學就只能關在家裡看電視，有多少照顧者可以陪他玩一整天呢？在學校裡有學習、有玩耍、有活動、有玩伴，孩子的生活豐富有趣，白天上學發洩精力，吃飯胃口好，晚上也比較早入睡，生活作息才會正常。

媽媽必須創造和孩子之間的儀式感。不親自把屎把尿，要怎麼當一個用心的媽？其實是有方法的。有一件事是我從兩個小孩都不到一歲時就開始做的，那就是睡前說故事陪睡覺，因為我的工作型態下班時間比較晚，孩子小的時候睡得早，所以晚上我們相處時間很短，這時候相處的質感很重要。我堅持要一起臥床唸故事書給他們聽，還可以聊聊天，窩在被窩裡親親抱抱說說小秘密，成為一整天彼此最放鬆最舒服的時間。

這是我和孩子的儀式感，即使忙碌加班我也會在孩子睡覺前趕回家，扮演說書人的角色，一直到他們上國中後才停止，這是照顧者做不到的心靈交流。

——
親自餵飯洗澡
不是
現代母親的價值，
媽媽們
千萬別把自己
傭人化

和孩子聊天很重要，讓他在心靈倚賴你，親子關係才能親密。「晚安，Good night，I love you~」這是我和孩子最親近的話語，每天晚上我會說完這句話才關上房門離開，他們永遠不會忘記。

平常要上班，每天要和孩子相處的時間短，真的不要覺得可惜，因為你錯過的也不過就是吃飯、洗澡這些生活上的事，這些只是照顧的記憶，誰都可以做，你要創造的是不可取代的共同回憶。

女性因為無法全心照顧小孩的莫名愧疚感，更是天殺的職場自縊武器，親自餵飯洗澡不是現代母親的價值，媽媽們千萬別把自己傭人化。

週末家庭日要規劃與孩子最有質感的相處。除了心靈交流，創造美好的專屬回憶也是很重要的。即使平時上班很累，週末我真的很想補眠到中午，但想到會錯過和孩子相處的時光，我選擇好好當一個Holiday Mommy。記得我大兒子三歲時，我幫他組了一個幼兒足球隊，每個週六上午八點鐘，我們就得出現在台大操場踢足球，比起上班我要更早起。

孩子小時候週末一定是要帶出門的，上山賞花下海踏浪，一定是從早玩到晚，露營更是最棒的親子活動，一起協力搭帳篷野炊烤肉，孩子開心，當家長的我們也玩得不亦樂乎。我們家從孩子剛上小學開始露營，一直到他們上國中，我們都沒有停止這個二十四小時綁在一起的戶外活動。

下雨天的時候，我們會一起去電影院看電影，很多人覺得在家就有串流平台可以看，何必上電影院花錢？打開遙控器的樂趣得來的太輕易了，父母要帶給孩子的應該是體驗，兒子三歲我就帶他去電影院了，黑漆漆的影廳裡，和很多陌生人坐在一起，享受大螢幕和震撼的音效，邊吃爆米花喝汽水，對孩子來說就像出國一般特別。如果真的要在家裡看影片，也要創造派對效果，平時禁食的零食飲料通通拿出來，全家窩在一起歡聚。即使現在孩子長大了，有自己喜歡做的事，電影院是和朋友去的，但是他們仍然時不時會邀約我上電影院或一起追劇，因為這已是共同的肌肉記憶。

旅行是親子感情加溫的甜蜜綁架。旅行在我的親子教育中也是很重要的一環，從孩子不滿一歲我就帶他們出國，先從便利的小城市香港開始，孩子大一點時，我帶他們去海島國家，爸媽躺在海灘椅上休息，孩子可以盡情玩沙玩水，玩一天都不膩。等到他們十歲以後我才開始帶著他們去需要腳程的日本或歐美旅行，有些景點要長時間排隊，小孩是很不耐的，這時我就會唸旅遊書的介紹或是Google景點特色，先創造他們的期待。

我記得有一年我們去法國的凡爾賽宮，在廣場上排隊了兩個小時，我就一邊說著建造皇宮的法王路易十四的功績，以及路易十六和瑪麗安東尼皇后奢侈昏庸的行徑，一路講到法國大革命他們被斷頭，等於在進場前幫他們做好歷史導覽。

我很喜歡安排家庭旅行，特別是自由行，全家人黏在一起，一起探尋交通路線，一起吃喝拉撒，有種患難與共的感覺，實際上是共享歡樂。旅行中遇到的人事物，也是最好的兒童教育題材，有一年去歐洲遇到扒手，壞事情也成了學習。

Holiday Mommy帶小孩時，請投入自己的身心靈一起玩。

你說我上班忙不忙，當然忙，尤其我又是在特別忙碌的時尚產業，但是我把週休二日家庭活動排滿滿，就像一週工作七天全年無休，不是更累嗎？我覺得我不是被動式帶孩子玩，而是和他們一起玩，因為我自己也沈浸其中，就不會感到累。

我盡力扮演好 Holiday Mommy，認真規劃每個玩樂的時光，因為時間真的眨眼飛逝，一轉眼孩子就長大不要人陪了，而玩樂的時候最開心，我相信開心的感覺記憶是會深植入心的。

陪伴孩子成長，還不如和他一起玩、一起成長。

不要當愛情裡的長髮公主

「最後王子和公主結婚了，從此以後他們過著幸福快樂的日子。」每一個女孩都聽這樣的故事長大，在腦子裡形成女性自主的誤區。

我工作的產業裡女性特別多，看著她們在工作中努力，又在愛情裡掙扎，許多時候感到心疼，什麼時候她們可以像男人一樣以自己為重，來看待愛情，而不是被動的接受約定俗成的認知。也許童話故事聽太多，得經過跌跌撞撞，才能在愛情裡發現自我，Sophie就是典型的例子。

「為什麼妳喜歡這個男孩？」

「我喜歡吃麥當勞，他喜歡吃滷肉飯，他說那我們輪流一人陪對方吃一次。」

「這是什麼奇怪的理由啊？」

「老闆，現在談戀愛，公平對我來說很重要。」

我看著Sophie悠閒地吐一口菸圈，想起她剛開始跟我工作時多麼青澀稚嫩，現在已經蛻變成裝扮亮麗、說話精練的時尚女子。

事實上，這是Sophie離婚後第一次在愛情關係裡感受到公平，自己可以自主地做決定。過去的兩段戀情，Sophie 說自己都是小公主，說是被呵護，其實是被管束著。

王子呵護公主天經地義？大學時是班對，男友體貼備至，每天接送上下學，一起吃飯總是大器地掏出錢包買單，每個假期男友都會計劃安排，Sophia什麼事都不用操心，人人羨慕她找到可以照顧自己一輩子的人。

曾經Sophie也以為自己就會和男友攜手步入婚姻，共享人生，沒想到進入社會工作後，彼此開始在生活、價值觀上出現歧見。男友對於她常要加班感到不耐，常抱怨Sophie都沒陪她；因為工作壓力大她開始抽

兩個人就像
交疊的兩個圓，
生活有各自的圓心，
又有重疊的美好

菸，也抽菸的男友卻跟她說女孩子抽菸不好，要她把菸戒了；因為在時尚產業工作，Sophie穿著越來越時髦，男友卻希望她保守一點，沒事不要露肩露腿；為了結婚，男友買好房子給她驚喜，地點卻離她上班的地方太遠了，只因為男友想住在打開窗戶可以看到綠蔭的地方。

Sophie這才發現婚後住哪裡這件事，原來沒有討論的餘地。沒有一般新娘佈置新房的憧憬，Sophie逃婚了，身邊的親友都不懂她為何不把握金龜婿？只有她自己知道，這個婚姻裡她是附屬品，只能聽他的。

結婚不等於自己不能有意見。

幾年後遇到前夫，她又陷入了另一個公主困境。前夫是工作時認識的，比自己大八歲，兩人交往時他已經事業有成，而她在時尚產業裡打拚，兩人都是工作狂，彼此也都包容對方的忙碌，更珍惜相處時光的短暫。所以週末她會飛到他出差的城市，帶著電腦線上工作，等他開完會議再約會。

有一天他說要外派到上海，希望她辭掉工作，和他結婚一起去外地生活，Sophie 當時正好在工作上遇到瓶頸，兩人相戀三年也很穩定，她就答應了。

本以為自己只是休息一下，沒想到當家庭主婦讓她的心更累。前夫打點了所有家裡的支出，自己就變成伸手牌，連幫家裡添購一張椅子，都沒做決定的權利。他可以自主分配自己的時間，何時工作、何時玩樂、何時顧家，她只能配合。當她晚上出門聚餐，前夫總是眉頭深鎖，因為他工作一天了，希望回到家老婆可以陪著他。有工作的人有社交是正常，家庭主婦卻只能在家等待，自己消化一整天的寂寞。

曾經欣賞她在工作上自主獨立的前夫，沒想到骨子裡也是大男人，婚後只把她當附屬品。她知道這場婚姻再繼續下去，會失去自我，於是快刀斬亂麻離婚並回到職場，Sophie 才覺得自己獲得救贖，此時她慶幸自己還有工作的能力，也才發現自己嚮往的愛情是公平。

現在這個小她十歲的男孩，我們都戲稱是小男人，在她眼中卻比以前的交往對象都還要成熟，兩個人就像交疊的兩個圓，生活有各自的圓

兩個人就像交疊的兩個圓，生活有各自的圓心，又有重疊的美好

心，又有重疊的美好。

想要先看電影再吃宵夜？還是這週末想自己宅在家？兩人會討論再決定。男友想連線打電動，她就和朋友去看電影；男友沒興趣看畫展，她可以自己去，等吃飯時間再會合；跟閨蜜的小旅行説走就走，不用擔心男友被晾著而有愧疚感。所有的相處都很順心，不勉強對方，也不委屈自己。不互相勉強的愛情才舒服。

過去她以為在愛情裡她需要被呵護，她也是被呵護的，後來發現不知不覺自己成了被禁錮的長髮公主。

「現在的我很自在，臨時要加班，他會去做自己的事。我需要的體貼是理解，不是照顧，尊重我的想法，即使觀念不同，也不要規定我。」説完Sophie把菸屁股在菸灰缸裡捻熄。

原來這個小男人是相對於大男人的對照組，和年紀、收入沒有關係，最重要的是在愛情裡尊重另一半的想法。有些男性以爲當小男人就是要完全聽女人的話，所以他們不願意，這是對獨立女性的誤會，**獨立**

女性不等於大女人主義，我們並不想把自己變成女性裡的大男人。

Sophie在愛情裡長大了，知道不失去自我、被尊重才是最好的情愛關係，和小男人指數越高的伴侶交往，她才能做自己。我看著Sophie離去的背影，很高興她的自覺，也許花了三十幾年，但總比一輩子困在高塔裡好太多。

從小被童話故事洗腦的妳，要把自己換個腦袋，也許不容易，就從要求公平的兩性關係開始。

公平，是建構舒服自在的愛情之基本條件。

當妳為的是自己，任何決定都是勇敢

經歷先生外遇和新聞曝光後，我彷彿成了樹洞。現在的我對女性在婚姻裡遭遇挫折的處境特別有感觸。

事發後我對於朋友的關切覺得很敏感，尤其是他們如何看待女性在婚姻裡的角色。

有些朋友戒慎恐懼的關心，不知道我願不願意提起這件事，我可以說也不介意提起，我感謝每個人給我的安慰，但是有些女性朋友慰問的台詞，卻激起我的怒氣——「為了家庭要圓滿，女人的承受總是會多一些，妳辛苦了」、「不是要妳委曲求全，是家庭與生活要回到正軌」……我送出了我的回覆：「矇著眼粉飾太平，繼續生活如常就是真的幸福

如果是妳心裡
最想要的、
最能感到
自在不委屈，
就去做吧

嗎？這是男權社會灌輸給女性的錯誤觀念。」最可怕的是對我說這些要女性隱忍的話，竟然都是女性！

當時的我就是很煩，到底有多煩？每分鐘都覺得煩，每件事都覺得煩！我也想快快放下，但我不想委屈自己！假裝事情沒那麼嚴重，假裝很快就會過去，假裝自己大器能釋懷，這些對我來說都是委屈，為什麼我是女性就要委屈？

我曾經想過，這個社會上如果是太太出軌，先生會怎麼做？先生的男性友人也會勸他無條件包容嗎？

新聞過後兩週，我生活圈裡的每個人都知道我發生了什麼事。我去找我的髮型師染髮，他只跟我討論髮型怎麼做，沒多說什麼，卻在我離開髮廊後，傳了一大篇訊息給我，他說他懂我的心情，因為他也經歷過，沒經驗的不能體會，旁人說得容易，但這風浪任誰也不會處理，誰也處理不好！希望我先開心地過好自己。

我的髮型師是一位男士，他卻講出了最有同理心的話。

如果是妳心裡
最想要的、
最能感到
自在不委屈，
就去做吧

真正走出來，不是用掩耳盜鈴的方式，而是要順著自己的心，做自己。

因為公眾的關心，我收到非常多的私訊，認識的和不認識的都很多，除了安慰，有些人與我分享個人在婚姻上的挫折，或是自己父母輩發生的事，希望用感同身受的方式來安慰我。這些故事讓人心疼，也讓我深深覺得許多女性因為父權給予的標籤，必須為家為孩子，很少從自己的角度出發去評估做決定。

朋友的母親因為丈夫外遇不斷，為了愛為了家庭隱忍，卻一生抑鬱而終。她在世時做的所有決定，甚至跟丈夫道歉自己的不完美，都是想要留住心已經不在的另一半，想要給孩子完整的家。現在上一輩都走了，因為心疼母親，成年後的孩子這一生內心裡永遠傷痛。

我心裡想，如果朋友的母親做的是不同選擇，她的人生後半可能還有快樂的時光。

人生如戲，有些故事更是匪夷所思。

曾經有個令人心疼的私訊，她的丈夫有小三，與丈夫分居，自己帶著孩子，但小三已經堂而皇之住進夫家，她氣憤不過卻不願放手，情緒糾結而憂鬱，她問我該要怎麼辦？我只問了她，「錢、孩子、自由，妳想要什麼？」她說不敢妄想錢，因為經濟主權不在身上拿不到，說是為了孩子，也為了自己的不甘心。

我告訴她不是親手照顧孩子才能維繫親情，媽媽不快樂，孩子也不會快樂，幾年後孩子長大了也會有自己的人生，是不是要繼續禁錮自己的自由？這件事只有自己想通才能得救。如果是一個很糟的狀態，千萬不要糾結在這場爛戲裡。

經歷外遇是一個長期治療，極細又深的傷口難以完全痊癒，即使結痂了，傷口有時仍然有揪著心隱隱的疼痛。因為心痛難癒更要正視，而不是埋沙讓傷口慢性發炎，更不能以女性框架自我綑綁做決定，要評估自己的資源，面對和解決問題。

很多人對於我提起訴訟覺得很勇敢，也覺得不可思議，因為我是一個公司的老闆，事業經營得有聲有色，問我為何不會擔心面子掛不住？

如果是妳心裡
最想要的、
最能感到
自在不委屈，
就去做吧

當我告訴我的律師我要提起訴訟，他提醒我可能會有公關危機，因為雙方都有新聞價值，一但經過訴訟可能媒體覺得有梗而報導。我當時是這樣回他的：「錯的又不是我，我為何要害怕別人知道？」

我沒有錯，何須為了面子掩蓋事實？與其隱忍吞聲息事寧人，更該為自己挺身而出，沒有裡子的面子只是面具，我不想戴著面具過活。

我萬萬沒想到，因為我揭發控告小三的這個行動，席捲了大家的注目，幫我貼上了「女力」的標籤。直到現在我正在慢慢走出情緒的低谷，可以在臉書及ＩＧ上分享這個事件帶給我個人的學習，我是用什麼心態去面對？還有未來的我想要怎麼樣？這些過程的艱辛，需要很多朋友的支持、轉念的契機以及心理諮商師的專業協助，才能面對反覆的心理煎熬與糾結。

任何人走過這段經歷都需要勇氣。

我發現仍然有許多女性在婚姻的困境裡，他們不敢或不想跟家人朋友訴苦，因為總是會獲得未必具有同理心的回覆或建議。她們問我為何可以這麼勇敢？我說因為我愛自己，我要幫我自己站出來；她們問我怎麼樣才能走出低潮？我說妳必須愛妳自己。**如果別人都不愛妳了，妳怎麼可以不愛自己？只有妳對自己的愛，會永遠真心不變。**

要不要離婚？離婚才是女性自主？不離婚就是不勇敢嗎？我沒辦法給妳一個標準答案。婚姻是客製化的關係，不能把自己的經驗套用在別人身上，因為我不是妳，不是經歷過就是專家。每一對夫妻個性與互動不同，如親人般的感情能否割捨？先生的態度及未來？另外還包含著經濟實力的考量？這一切只有自己最清楚。選擇離開很難，選擇回頭一起過日子何嘗不是？兩者都需要勇氣。

要不要提告或揭發？還是隱忍為了自己的安身立命、家庭的圓滿、孩子的感受？我知道我的做法是很多隱忍或遭遇婚變挫折女性的嚮往，我變成了她們不一定能做到的理想投射，但是我的做法不一定適合別人，我有我需要承擔的後果，除了傷痛外，將一切攤在公眾的眼光下，必須要有堅定強韌的心志，看似堅強，但是我仍會有和妳一樣的脆弱，在妳沒看見的時候。

——如果是妳心裡最想要的、最能感到自在不委屈，就去做吧

沒有哪一個決定最好最正確，這是人生的申論題不是選擇題，每個決定都有後果要承擔，我希望女性要爭取自己權益的最大化，妳有能力可以豁出去就不要後悔，也不要被鄉愿綁架，質疑自己的作為；如果妳評估無法心態自立並且經濟獨立，選擇原諒，就不要哀怨一生，想想如何讓自己過得更好，更好指的不是享受，而是提升自己心志的堅強。

在這當頭請妳有點陰謀論，為自己盤算動點心機。先評估手上的牌，才知道怎麼打人生下半場，不要對自己都不了解，就貿然下決定。評估自己能力後，再選擇對自己未來最好的方式。最好的方式並不是只以感情考量，還包含養活自己的經濟能力、財產的分配、監護權的歸屬。

顧全大局不等於懦弱，轉身離開不代表無情，當妳為的是自己，任何決定都是勇敢，如果是妳心裡最想要的、最能感到自在不委屈，就去做吧。

選擇原諒或是選擇分手，都沒有錯，唯一重要的是，請不要委屈妳自己。

■ 2021 年初為新事業哇哉上課拍攝公關形象照

2

1

1. 2005 年小兒子剛出生時與兩歲半的哥哥合影
2. 因為在時尚產業工作，我喜歡幫兩個兒子打扮，圖為 2011 年三人穿上 Zara 同款男童西裝（我是男童最大尺寸），八歲與六歲的兩個兒子與媽媽我留下帥氣的親子裝合影
3. 平時工作繁忙的我，每年規劃長時間旅行，以獲得 24 小時的粘膩親子時光，圖為 2015 年大兒子小學畢業全家去歐洲旅行，參觀羅馬競技場合影
4. 兒子小時候喜歡游泳玩水，夏天總是曬的全身黑溜溜，圖為 2012 在印尼民丹島渡假飯店捕捉到兩個兒子跳水瞬間

3

4

1

2

3

1. 幾乎每年夏天都會帶小孩去墾丁渡假，圖為在夏都飯店海灘獨照
2. 2015 年全家在義大利威尼斯旅行，在小店買了面具兒子迫不及待要戴上
3. 每年聖誕節都在家點亮聖誕樹，辦 Party 請家人朋友一起來玩，圖為 2018 母親、妹妹與我三人在聖誕趴合影，Dresscode 是紅色與金色。

1

2

1. 曾經連續兩年帶小孩去台東鹿野高台露營看熱氣球、坐熱氣球。
2. 偶爾去礁溪老爺飯店渡假，和兒子一起坐在 spa 池體驗小魚咬腳

1

2

1. 2022 年 12 月到舊金山探望在加州念大學的大兒子，
   兩人一起坐噹噹車遊市區
2. 2022 年 12 月與小兒子去輕井澤滑雪

做一個自私的我

當你什麼都沒有，你有的就是天與地，還有你自己。

因為不想沉浸在悲傷裡，我找了心理諮商師，希望透過專業的幫助，讓自己找回平靜。

在第一次的談話當中，諮商師做了一個結論，我是一個容易被情緒勒索的人，而且我的心裡總希望大家都好，所以非常在意別人的感受，不希望對方心裡不開心，所以對我情緒勒索是有用的，我會順著別人的期待去滿足對方。

我反而忽略了自己，沒有優先考慮自己想要什麼。

這些實境發生在我的生活裡，家人、朋友、同事和我接觸且親近的人，即使他們沒有要情勒的意圖，但我對於這類情緒性溝通會走心。以前的我彷彿是大家的中心，扮演照顧者的角色，家人親人們的生日或節慶聚會，我總是會想到登高一呼把大家召集慶祝；為了先生和朋友們開心，工作再累我也勉強自己參加聚會；盡量滿足朋友的期待，是不是自己喜歡不重要，總是覺得大家開心就好。

以前為了顧全大局，不想讓身邊的人希望落空，我會先解決大家的想望和需求。

諮商師說我總是把自己放在最後，對於心裡不好的感受也已經習慣幫自己打麻醉針，告訴自己這沒什麼，用忽略去反應，把重心轉移到與我互動的人。

你也覺得自己常被情緒勒索嗎？「你都只顧自己的工作，沒時間陪我」、「你根本就沒有把我這個媽放在心裡，才會忘了打電話回家」、「要不是我幫你做了ＸＸＸ，今天你可以ＸＸＸ嗎？」「我知道你現在飛黃

我對於「愛自己」有了新的解讀，是認真聆聽內心的聲音

騰達不一樣了，我們也不好打擾你的生活了。」不管是情緒化的、抱怨的、楚楚可憐的，這些情勒的字眼尖銳，或是將失落的感受怪罪到你身上，你會莫名的心生愧疚感，進而順從對方，或是犧牲自己需求去配合對方，然後隱藏起自己心裡的不舒服。

只有面對與改變，才能讓自己更好，真正跨越一個人生的坎兒。

「如果你可以因此而改變，往後的人生路就會有另一個篇章。」諮商師對我說。在這個婚姻挫折打擊中，我最大的學習應該要重視我自己，既然諮商師都點出了這個我可能知道卻從來沒有面對的問題，我明白了我必須改變。所以我的第一個功課是擺脫情緒勒索。**當我的思想和行為可以不因為他人的情緒而轉彎，或是太偏重於擔心別人的感受而做決策，這就是做自己的第一步。**

我體悟到在這個世界上，每個人最終都會一個人，人生的最後也要一個人走。尤其身為一個女性，把自己放在最重要的位置，是應該的，因為這是對傳統觀念的逆轉。女人被賦予母親的天職，因為母性及傳統教育思維，我們習慣成為給予者，對父母永遠體貼孝順、對子女無盡關愛照顧、對另一半無條件支持、面對身邊的人常將自己放在次要位置思考，這是許多女性會放棄成就自我的原因，或是在追求自我成長與光環的同時，伴隨著內心的掙扎與莫名的愧疚。反觀男性在做自己的這條路上，從來不會有往前衝的自我質疑或外在阻力，一個男兒漢以自我為中心開創他的世界，這是大家都覺得天經地義的。

我決定做一個自私的我。

我開始聆聽自己，了解我心中真正想要的是什麼？不過度考量別人會有的感受作為決定的依據，真的順從自己內心所想。說起來有點任性，不管老母親抱怨為什麼我沒有像以前每個週末陪她吃飯、說走就走自己飛往美國看大兒子散心、不想見的朋友就不見、心情好想做的事就去做，一個人也行。這些完全和過去的我不一樣，我不再遷就他人感受。

我也立下了未來自己想做的計畫、想做的事、想要的生活方式、我想要如何和別人互動交流，以後我會將他人可能對我會有的意見影響降

我對於「愛自己」有了新的解讀，是認真聆聽內心的聲音

到最低，以我為中心來考慮決策。

這是我給五十歲的自己訂下的人生下半場目標，順心而為，隨遇而安，勇敢向前。

然後我要愛我自己。怎麼愛？所有人都告訴我要愛自己，對於婚姻挫折或是情傷的女性，我們總是用這句話安慰對方，但是怎麼做才叫愛自己？花錢購物買精品？體驗豪奢享受？我一直在思考著，這樣算愛自己嗎？這些寵愛自己的行動，平常為什麼不做呢？我的確也去花了大錢想要買個痛快，卻發現我仍然不快樂，因為要用物質滿足空虛容易，打從心底為自己活才難，必須把根深蒂固的自我價值翻轉。

在開始任性的行動裡，我感受到重視自我後心情的舒坦，不再有時時掛念他人的負擔，因此我想要成為心理豐厚的人，我對於「愛自己」有了新的解讀，是認真聆聽內心的聲音，不要再忽視了，排除外界的噪音，對朋友畫出界線，不被他人經驗和想法左右，也不要在意他人眼光。

當我可以做到不偽裝、不委屈、不求全，順應自己心裡想的，把個人喜好擺第一，我相信我就會自在。

為自己活，才有能力愛人。

愛在當下，無所畏懼

怎麼會有人在我發生婚姻問題後，
還來跟我諮詢她的愛情？

小喬結婚兩年就離婚了，前夫是她的青梅竹馬，從高中開始，愛情長跑十年結婚，因為前夫不忠選擇離開。本來協助前夫創業，離婚後也頓失工作，透過應徵來公司擔任會計。我們常勸她交男友，現在的社會離婚沒什麼大不了，她總說對情感關係失去信任，不想再讓自己陷入火坑。在公司工作兩年後，考上了銀行的職務，就辭職去銀行工作了，多年來我們就只有在臉書上保持聯繫。

「啟儒姐，我想跟妳見面請教事情，可以嗎？」聲音急促伴隨著哽咽，讓我非得見她一面。我們約在公園裡，她說這樣比較好說話，神神祕祕。

「我和明倫交往了十年，現在他要跟我分手。」眼淚隨著話語撲簌簌直落下。我回憶起明倫，他們是同一期的同事，小喬離職不久，明倫也轉職到其他活動公司。

「為什麼？他移情別戀嗎？」

「沒有。他跟我求婚，我不答應，他就要分手。」

「妳愛他嗎？」順手遞上面紙，我猜想答案會是肯定的，不然何必哭得呼天搶地，此刻我發現公園真是個好選擇，在咖啡廳大哭會把旁人嚇壞的。

「愛。」雖然在哭，但小喬這個回答不帶有任何一絲的遲疑。

「那為什麼不接受求婚？」

「我……我爸媽不答應，我也擔心同事朋友怎麼看我，我更不知道我們有沒有辦法走下去，相守到老。」

「幸福是妳自己定義的，聽自己的心做決定，妳就可以承受的起。得與失之間，沒有人可以幫妳衡量分擔，如果太在意爸媽的擔心與建議，以及旁人的看法和眼光，妳就是為別人而活，失去了自己。最可怕的是，離愛這麼近，妳卻不敢抓住，還沒有試著擁有就先選擇放棄，然後又害怕失去。如果最終還是會失去這份愛，為什麼不願意讓自己擁有過呢？」

被我一說，小喬突然止住了淚水，雙眼淚汪汪地看著我，「啟儒姐，妳還相信愛情嗎？」

我深吸了一口氣，「當然！」我不會因為自己的不幸，否定這個世界的美好，愛情就是很美好的事。

隔天小喬在臉書上寫了一篇對明倫示愛的貼文，直接公開出櫃了。

我在心裡為她們祝福，也想起了我自己曾經的勇敢。

凱特王和郝慧川在一篇聯合訪問我的文章中，寫出我很年輕就結婚了，他們用「私奔」兩字來形容，讓我看了哈哈笑。的確在三十年前，父母並不是很贊同我要嫁給一個窮僑生，我仍一意孤行，似乎是蠻離經叛道的。

當時我的想法很簡單，因為簽證的問題，只有結婚才能讓當時男友繼續留在台灣，我想著分隔兩地沒辦法維繫感情，八成就會分手了，而我不想分手。我只問自己愛他嗎？答案是肯定的，因此我就做了去公證登記的決定。多年來我有點自豪，覺得當時才二十二歲的我，年輕又叛逆，洋派又前衛。

本來在書綱裡列了這一篇，想要分享我自己對愛情的追求，但是在先生出軌事件發生後，我寫不出來，我開始懷疑自己，「是不是當年不該做這個決定？」寫出來好像打臉自己，在愛情這件事上我有什麼說服力？於是我跟出版社主編說我要刪除這一篇。

因為小喬和明倫的愛情卻讓我猶豫了，即使台灣已經婚姻平權，同志結婚合法化，但是社會看待同志的眼光仍然有異樣，她們要走下去也是辛苦的，沒有人能保證她們未來的幸福會不會長久，她們只能勇敢，為愛勇敢。

我猶豫著是不是要加回這個篇章，把當年的我寫出來，我問了我的好朋友、女性獨立的精神導師凱特，她說我對自己的質疑是因為我用現在回看過去，即使從現在回到當初，我肯定還是會做一樣的決定。「**如果什麼都是結果論，人會變得膽小，何來的勇氣？**」她真的非常了解我。

如果我曾經勇敢，我想讓更多女性為自己勇敢。

就在構思如何落筆之際，我想起了爸爸。其實當年我是取得他口頭同意的。我打電話回家，告訴話筒另一端的爸爸，隔天我就要飛去馬來西亞公證了，本來以為他的軍人脾氣會上來，沒想到他只平靜地問了我一句話：「妳都想清楚了嗎？」「我想清楚了。」我也平靜地回答。「那就好。」我們彼此沒有多說什麼？就掛了電話。

本來以為爸爸會生氣暴怒，或是氣得不理我，但是他事後也沒對這件事表達意見，這是我多年來一直不能理解的，卻因為小喬和明倫的這件事我想明白了，**能夠勇敢無畏地去愛，是人生中多麼可貴的事，這樣的勇氣不是每個人都有，卻是每個人羨慕的**。

也許爸爸也羨慕我的勇氣？我想起小時候我問過爸爸，在台灣這麼多年，都沒有遇到喜歡的女生嗎？他說曾經有一個台灣姑娘，和他談戀愛私定了終生，但是因為他是外省人，當年省籍情節嚴重，所以女方家族反對，不讓本省人的她嫁給一個沒有家世漂流來台的外省阿兵哥。那位台灣姑娘為此要生要死，最後決定和爸爸私奔，沒想到女方父母跑來求爸爸和他們的女兒分手，最後爸爸答應了，終止了這段姻緣。

這段愛情故事從爸爸口中吐出，一種一切是過往雲煙隨風而逝的淡然。

這會不會是他心中的遺憾？所以他不想當那個阻礙女兒的父親，甚至是當他聽到我毅然決然要去追求自己的愛情，是不是彷彿又看見了那位台灣姑娘，那個勇敢追愛的女孩？

也許愛情如花火，過於燦爛讓妳擔心稍縱即逝，但是沒有人會否認當下的真切卻是美好，不管故事結局是否如妳預期，請妳無所畏懼地抓住它吧！白頭偕老是幸福，曾經愛過也是幸福！我相信在另一個平行宇宙裡，那些勇敢的瞬間，已凝結成永恆。

Myself

我 發現 我自己

自己辦記者會闖入公關界

我小時候想當老師，現在卻當了老闆，是怎樣？

很多人覺得我的老闆氣場很強，工作能幹有魄力，以為我從小就立大志向，才能有今日的成績。殊不知我其實和大部分的人一樣，一直到念完書，對自己未來要從事什麼行業，是沒想法的。年輕時我反而羨慕那些很早就朝著自己的理想前進、永遠知道自己會做什麼、現在該做什麼、接下來要做什麼的人。

我很清楚自己不想做的事，所以用了刪去法來找出我的職場方向，加上我有好奇寶寶和喜歡冒險的個性因子，對於沒接觸過的事，不太會先入為主的排斥，總是體驗過就知道喜不喜歡、想不想做。

不清楚自己想做什麼，至少要明白自己不想做什麼。

小學時寫作文題目「我的志願」，我有很長一段時間都想當老師，我想那應該是小孩子對權威的尊敬與嚮往。等我上了國中後想法完全改變了，當時的教育很填鴨，老師為了學生成績好，不斷地考試，考不好就體罰，雖然我在念書考試這方面算是游刃有餘，但是叛逆的個性讓我抗拒整個教育體制，甚至對老師感到非常反感，漸漸地就對老師這個職業徹底幻滅，在心中撕毀想要當老師的那篇作文。

大學念的是中文系，大部分畢業生沒有繼續深造的話，不是當老師，就是去出版業，這是最容易找的工作。為了了解自己是否適合投身出版業，我先去打工，拿回了厚厚一疊文稿回來，手握紅筆進行一校、二校、還要三校。我原是這麼討厭錯字的人，仍沒辦法負荷一直幫別人圈錯字的單一工作，對我而言實在是無聊的太痛苦了。我發現自己討厭從事規律又穩定的工作。原來出版業的藝文情懷背後，伴隨著圈錯字校稿，我不僅不喜歡，也明白了自己沒辦法做枯燥的事情。

同學們都畢業各奔前程了，有經濟壓力要自食其力的我得找工作，當時朋友介紹了我一個一年期的工作，是非營利組織的公益募款專案，由環保生活協進會主導，研發紙製可分解的環保筆義賣，義賣款項捐贈給流浪動物之家。由於社福機構的人力編制都很迷你，這個專案的召集人就成立了一個六人的臨時工作小組，看在有薪水的份上，我連工作內容要做什麼事情都搞不清楚，就加入了。

除了我以外，這個專案小組的成員各個都很厲害，有曾經做過立委助理的、廣告圈出身的、設計背景的，看高手過招，總是可以偷學個一招半式。他們都是前輩，我就是個打雜小妹。因為什麼都不懂，他們也只能叫我做些瑣碎的工作，如：跑腿、打字、影印、整理物品……等等，當小妹被使喚的我卻甘之如飴，因為我可以參與開會，討論環保筆的產品設計、廣告策略、宣傳管道及方式、媒體溝通計畫、活動造勢等等，這些討論對我而言非常新奇，彷彿電影裡才會看到的對話，即使我插不上話，還是聽得津津有味，比起大學時課堂學習讓我更有勁兒。

「啟儒，你負責辦記者會！」前輩丟出了這樣一句話，因為大家都在忙造勢活動策劃——帶狗狗上街的台北市大遊行，沒辦過任何活動的我，也只能硬著頭皮接下這個任務，沒想到這個記者會燃起了我對公關的興趣。

沒人有空教我，毫無頭緒的我只好去請教在公關公司工作的學姊，她只跟我說了幾個要注意的重點：一定要連絡上每位記者、新聞資料袋要準備完整、後續補稿要確實。

到底記者會是什麼模樣？我決定潛伏到場地去觀摩。在舉辦的前三週，我假扮成記者，混進了同一個場地去參加其他廠商舉辦的記者會，拿了新聞稿，被接待入座，觀賞了整個流程，腦子裡才開始有了畫面。

自己摸索得來的經驗最寶貴，會成為你的功夫根基。

後來我的記者會非常成功，沒有手機的年代，我像恐怖情人般狂打電話到報社邀請記者出席，一通電話要轉好幾個部門，事後補稿也緊密追蹤，看著當時自己寫的新聞稿變成曝光的報導，刊登在報紙上，成就感油然而生。

自己摸索得來的經驗最寶貴，會成為你的功夫根基

辦完記者會才知道自己做的原來是公關的工作，能夠透過與媒體溝通，傳達宣傳的目的，一切不是我可以完全掌控或照本宣科達標，但我還是得想盡辦法解決阻礙與變動，在未知中周全地完成。我深深感受到這工作給我的刺激與震撼，也愛上了。我發現自己不害怕沒做過，只怕工作不夠有趣。這次不需要用刪去法，因為我發現自己喜歡未知的挑戰，喜歡媒體宣傳相關事務，喜歡公關。

這個公益專案後來募款失敗，沒有達到原定的目標，大家只好解散，而我也有兩個月的薪水沒拿到，但是我很懷念當時的勇氣，竟然可以獨立完成一件從來沒接觸過的專業，除了佩服自己，無形中也種下了心裡的公關魂，這場記者會注定了我成為公關人。

接下來我如願成了小公關，後來還開了公司當老闆，我也沒想到我會走到這裡。

電影公司是我的傳播科系

「能文能武，動靜皆宜。」這是我應徵樺舍公關時的履歷，我在自傳那一頁任性而幼稚地寫下這八個字。哪裡來的狂妄與自信？是我在電影公司工作歷練的。

我的第一份工作是在非營利組織的公益專案做企劃，半年的經驗從打雜小妹到後來辦了我人生中的第一場記者會，開啟了我對公關的興趣。因為專案募款沒有成功而解散，我也必須重新開始找工作，想要找公關相關工作卻苦無機會，大學唸的不是傳播科系，也沒足夠的相關工作經歷，投的履歷總是石沉大海。因為中文系的學歷，最常通知我面試的都是文字編輯職缺，偏偏是我覺得枯燥不喜歡的工作。

有時
機會和你想像的
不一樣，
它只是以變形的方式
來到你面前

終於我的機會來了，我在報紙的徵才廣告上看到公關基金會發行的公關雜誌要應徵編輯，我心想，文字能力是我的優勢，從編輯的角色進入公關，我應該很有錄取機會，透過編輯採訪的過程，我也可以藉機學習了解公關的全貌，想著想著不禁信心滿滿。

在經過數十人一起筆試，加上一對一面試，我成為了二取一的應試者，被通知要再交出一份公關危機處理的時事案例報告來評比。對於從沒念過相關課程的我來說，難度非常高。我花了一週時間到圖書館找資料，閱讀很多舊報紙的時事評論，用盡心力寫完整遞交出去，然後每天期待有好消息，卻一直無消無息。

為了生計我繼續投履歷面試，其中有一個在文字工作裡相對是有趣的，是電影公司在應徵文案企劃，筆試內容是看著一篇五百字的本事（故事大綱）要寫出宣傳文案，我只花了十五分鐘就交卷了，當下面試立刻被錄取，但我仍然心心念念著公關基金會的編輯工作，鼓起勇氣打電話去詢問，才知道我是落選的那一個，於是我隔週就開始到電影公司上班。

有時機會和你想像的不一樣，它只是以變形的方式來到你面前。就像我從沒想過電影公司竟會讓我離夢想更近一步。

我進入的是學者電影公司，專門發行國片和港片，當時是港片稱霸的年代，許多轟動港台的賣座電影包含了周星馳、劉德華天王巨星的《賭聖》、《賭俠》系列，也有藝術取向的王家衛導演的電影，像是《東邪西毒》，都是學者電影投資發行的。

當時的港星就像現在的韓星，風靡亞洲，被所有人追捧，所以在台灣的港片市場非常火熱。我經手的電影從浪漫的《百分百感覺》、《金枝玉葉II》，《古惑仔系列》黑道片，還有限制級的三級片，甚至王家衛在坎城影展得獎作品《春光乍洩》，各類型文案我都要寫。

公司很傳統，沒有什麼專業部門及管理層級，每個人都直接面對老闆，資歷淺的就自己想辦法生存，沒有人會主動幫你或教你，大部分資深的同仁都把份內工作做完就好，雖然是娛樂產業，但是工作氛圍有點像公家機關，唯一好處是你想碰觸學習非你負責的領域，老闆也不會管你。

——有時
機會和你想像的
不一樣，
它只是以變形的方式
來到你面前

我的工作其實就是翻翻資料、看看電影精華片段，然後著手寫文案，這些事對我而言真的輕而易舉，一週上映一部電影，但我不到一天就可以把海報、平面廣告、電影預告片等所有文案都寫完，常常工作做完真的就是輕鬆沒事看雜誌。

但不是每一部電影都賣座，當票房不好，老闆就會發脾氣，嫌棄預告片剪得不好，所有的人都會被召集開會檢討。當時最常被挨罵的就是剪接師，老闆常常把電影賠錢怪罪在預告片不夠吸引人，有時也會牽連到我寫的文案。

為了減少我和剪接師被罵的狀況，後來我乾脆進剪接室陪剪接師剪接，解釋我的文案讓他好配畫面，或是配合畫面直接修改我的文案。剪接不是我的工作，但我卻因此常加班到半夜，雖然辛苦可我竟然覺得津津有味，有時剪接師還會讓我試著剪接，那些剪接器材和專業後製特效，都是我念書時不曾接觸的領域。

早上九點上班，一路自發工作到半夜十二點，每天都覺得新鮮，我把電影公司當成了我的傳播科系。**老闆沒有加薪，我卻主動加了工作，沒想到也幫自己加了功力**。

負責公關的同事離職後，我主動把工作接下來，心裡想著「太好了！我總算碰觸到我想做的公關工作了！」此後我的工作內容不只寫文案，還要發新聞稿、舉辦記者會、電影首映會，明星訪台時還要帶著他們去上節目通告。也就是這樣一個雞婆成性的人，才能挖掘到成就自己未來的武功秘笈。

當我把觸角從文案延伸到其他媒介，我發現票房要好必須想辦法宣傳，老闆只把預算放在報紙和電視廣告上，在經費有限之下，跨出去和其他產業做資源交換的異業合作，就是推動電影票房的機會。

於是我開始自己去洽談便利商店總公司，希望每一家分店門口張貼即將上映的電影海報；和食品公司洽談贊助巧克力，在電影院的售票口隨票贈送；和唱片公司洽談電影片段授權剪接成ＭＶ，唱片公司花廣告預算強打ＭＶ就是強打我們的電影。當時我將日片《情書》的電影片段

有時
機會和你想像的
不一樣，
它只是以變形的方式
來到你面前

授權給張學友的《情書》這首歌製作MV，沒想到壓對寶了，張學友專輯大賣，也帶動了電影《情書》的票房。

每一次電影宣傳的成功，我就像上了癮，下一部片就會想更多可能性，當時年輕的我，不了解什麼行銷理論，不明白其實我已經走到了行銷公關這個領域，只是我的產品是電影。

因為我在電影公司的胡作非為，讓我迅速打通了行銷公關的任督二脈，也更確定這是我喜歡的領域。

遇見世界名模克勞蒂亞・雪佛

很多人看我現在意氣風發，以為我是千金二代，有富爸爸幫我開一家公關公司，好讓我接觸精品時尚，殊不知我是從土包子誤打誤撞進到時尚產業的。

在電影公司做完最後一部電影的宣傳——坎城影展最佳導演王家衛的《春光乍洩》，看著即將上映片單中一系列已經做膩的三級片、黑道片，我覺得是該離職的時候了。在辦《春光乍洩》首映會時，認識了合辦單位樺舍公關的同仁，她告訴我他們公司正在徵人，誠摯地邀約我投履歷過去。我的眼睛一亮，這可是踏進公關業的絕佳機會，有過工作經驗面試也順利多了，我終於進入夢寐以求的公關業了。

工作地點從舊式電影娛樂商圈西門町，轉換到商辦林立的敦化北路，我成了電影中的上班女郎。

進入公關公司後，工作型態變得很不一樣，從衣著開始就有很大的轉變。電影公司是娛樂產業，所有的人都以創意人自居，T-shirt和牛仔褲是標配，夏天時我甚至會穿短褲和涼鞋去上班。公關公司是顧問服務業，從外型就必須展現專業，給客戶良好的第一印象，面試時我就被告知上班要化妝並著正式服裝，於是我去買了兩套西裝套裝，想像自己走在林蔭大道的樣子，頓時對自己宛如漫步曼哈頓的樣貌感到期待與自豪。

沒想到，我的穿著打扮根本不是慾望城市裡時髦的凱莉布雷蕭，甚至連律師米蘭達都稱不上。

在進樺舍公關之前，我完全不懂時尚是什麼，女性雜誌都不看的我，連Vogue、Elle、Bazaar這些國際時尚雜誌的名稱發音都念不出來，更不要說我的穿搭智商，完全不及格。深紫紅套裝，讓我足足比實際年齡大二十歲，像是在保守的傳統產業裡工作。

有天中午休息時間，老闆特別說要帶我去逛街買衣服，進入一家小店後，她速速幫我搭配了兩套要我換穿，照照鏡子她露出滿意的眼神，叫我下午直接穿新衣服上班，不用再換回我老氣的西裝了。回想起來真的很囧，但那時我應該是真真切切的一個土包呀！

後來我抓到一個訣竅，我只買黑色的服裝，全身都穿黑色，不管款式如何，不懂搭配的弱點就不容易露餡，就這樣我的衣櫃裡滿滿的黑色，持續了至少五年。

進入時尚公關第一個卡關的是服裝，第二個就是英文了。沒出國留學過的我，求學時期的英文成績是筆試考出來的，沒有實際運用的環境，我的英文總沒有從小生長在美國的ABC同事來得流利。進入新工作一開始的壓力就很大，因為協助的就是一個需要大量英文的案子！當時客戶要邀請當紅的世界名模克勞蒂亞・雪佛（Claudia Shiffer）來台灣造勢，我們時常一開會就是八個小時，可怕的是參與會議者有一位是德國人，所以配合他在場全程都要用英文討論。會議上其實也輪不到我講話，但是我必須聽懂討論過程和結論，記錄下來後，才能做後續的執行。

當年是沒有智慧型手機可以錄音、聽聲辨別就翻譯成文字的年代，每每開會時我都繃緊神經，非常害怕漏記事情，來不及吸收與消化會議過程的我，就把在場與會者的每一句話都記在筆記本裡，不是聽很懂的英文就拼音記下來，開完會後總是要翻開我神奇的筆記本，慢慢解密，再整理成中文版的會議紀錄寄給大家，光是為了一個會議紀錄文件，我就可以加班幾小時。

痛苦文書的背後，犒賞你的是進入銀河系般炫目的華美斑斕世界！

終於迎來了活動日，活動的場面非常盛大，一場三十位模特兒的大秀就在我面前展開，因為是工作人員的關係，我在後台跑來跑去，看著中外模特兒梳化準備，秀導在後台用英文叫喊著做最後提醒。秀甫開場模特兒們亮麗上台，一進入後台就邊走邊脫光，再以迅雷不及掩耳的方式換穿下一套，再度上台。從沒看過這麼多美麗的胴體在我眼前，目光不知該望向何方的我，突然一秒進入平行宇宙，這不是奧斯卡最佳導演勞勃．阿特曼（Robert Altman）執導電影《雲裳風暴》（Ready to Wear,1994）的情景嗎？

我在大學時代看了這部電影，對於電影裡的秀場、模特兒、明星、服裝設計師串起的時尚產業感到嘖嘖稱奇，當時以為遙不可及的電影情節竟在我的世界裡發生了，這場活動讓我像是進入阿凡達星球一般，我才發現我一腳跨入了時尚。

這個重要的活動，還是新人的我只負責接待媒體記者入座，以及擔任禮儀小姐上台遞公益捐贈示意版給克勞蒂亞．雪佛，我應該是所有工作人員裡，最接近這位國際大明星的人。活動尾聲，我與世界名模一起下台走入後台，克勞蒂亞．雪佛竟然搭起我的肩又摸摸我的背，以陽光般燦爛的笑容對我說：「Thank you」

就這樣，我進入了時尚公關產業。

再厲害也要自我歸零、砍掉重練

自我感覺良好的人永遠不會進步，
自我歸零、砍掉重練才是職場功力加速器。

我也曾經自我感覺良好。在電影公司時要負責一整部電影的宣傳，所以我覺得自己很厲害，加上自作主張地開發了幾部片的行銷操作，不同於以往公司的作法，老闆也看見了，之後他不管我做什麼，只要不花錢但有好票房就行，給予我極大自由揮灑的空間。

當時來和我談合作的唱片公司代表都是經理職位，身為企劃的我可以決定要和哪一家合作，讓我以為自己權力很大。事實上我做的行銷操作不過是拿明星肖像和電影票務資源去交換，並沒有專業地對客群做分析，然後擬訂宣傳策略，說好聽一點我只是自己學會了幾種執行方式，真正的行銷學核心我尚未深入學習。

離開舒適圈，才會發現自己的不足。進入公關公司、踢到鐵板之後，明白了自己懂的只是皮毛，自我感覺瞬間墜落，但是我反而開始步入正軌的學習。

公關公司是服務業，品牌將其公司即將推行的產品或計畫，委託我們執行。這些和我們開會的品牌人員通常都是經理或總監以上，他們多年的歷練，在不同產業的行銷上都是箇中好手，沒讀過行銷相關科系的我，因為從事公關這行，客戶都變成了我的行銷老師，每個討論會議就是我的學分。

工作並不是上學，老師打的分數你可以不在意，職場表現的評論卻是血淋淋。

我們在做規劃提案時，品牌的產品尚未上市，第一步必須依據客戶的行銷目標，針對銷售對象來擬定策略，然後發展相應計畫。計劃裡的

老師打的分數
你可以不在意，
職場表現的評論
卻是血淋淋

每個執行任務，必須要合乎原本設定的策略，並且打動銷售對象產生消費或互動意願，才算是有效的提案。因此提案的過程必須反覆的省思，企劃案整體是否合乎邏輯。

有沒有邏輯、思考是否清晰，考驗你能否吃這行飯。只是憑著隨性想像而發展的創意來提案，以為自己想法創新、內容有趣，但是根本不會觸動客群，就是一個無用的案子。我曾經提過保養品的美白產品上市活動，自覺想了一個創意遊行的計畫，但是重視白皙的女性最怕曬太陽，我的提案完全抵觸產品目標，也無法創造客群的共感。

我曾經遇過客戶在我簡報時不斷打斷我，要我回溯到最前面的目標頁，問我執行方式和目標之間的關係，真的可以達成目標嗎？客戶犀利無情的指正，雖然讓我又窘又糗，但是下一次我就知道要降低我提案的不良率。

透過每次反覆思考推論，我漸漸掌握了行銷企劃的要領，從邏輯出發，開發出有根據的創意，並且可以落地執行。

大事業都是從做小事開始。一開始入行的我一切要從頭來過，根本沒有負責一整個品牌或專案的機會，只能站在協助的角色，接受任務分配去做執行。

我的第一個任務是協助主管做一個外商銀行信用卡的推行計畫，上市記者會上要公布一份針對六十六位不同產業的高階經理人調查報告。這六十六人我的主管都已經邀請好了，我只要負責聯絡他們，請他們做好問卷回傳給我，讓我統計數據。

每天我就拿著名單，打電話詢問對方的傳真機號碼，傳真問卷後要詢問是否收到問卷，請對方填答後回傳問卷。每天我至少要撥打 66×8 次以上的電話，因為對方都是忙碌的高階經理人，他們大多在公司會議上，沒有通訊軟體的時代，打電話比張貼尋人啟示還難找人。而我就像鸚鵡一樣，一整天講著同樣的話，彷彿從公關化身客服專員。

看著記者會上發表的完整數據圖，成為記者報導的重點，我才認知到原來我的聯絡有其意義，行銷公關的成果就是建立在這些瑣瑣碎碎看似不起眼的小事裡。

踏進時尚行銷領域又是另一個打破視野的體驗。

終於老闆賦予我一個新專案讓我獨立執行，這是一個與設計師同名的手錶及飾品品牌——瑞士品牌夏利豪的新品發表會。這個發表會非常盛大，設計師本人夏利豪先生要訪台，所以要舉辦記者會、珠寶秀、晚宴，還要洽談設計師專訪。

因為活動體大，所有規劃內容都必須經由國外同意，大到場地佈置，小到晚宴桌上的一個小名卡，設計師專訪的空間、記者提問Q＆A的模擬、晚宴的座次安排……等，必須非常重視細節，規劃都要合乎活動主題，所有事情要提前再提前的預先準備。年輕的我第一次承擔這麼大的專案責任，壓力指數破表。

活動彩排當天，會場令我驚豔，因為主題是銀河系，整個宴會廳空間被包起來變成黑色，黑色裡透著有景深遠近的小閃燈，就像銀河系裡的繁星。桌布是銀色的，每張桌子中央有一個星球的立體裝置，模特兒的服裝妝容也與銀河呼應。

這是我第一次學習到時尚精品重視氛圍體驗，尤其五感帶給受眾的感受特別深刻，更能加深行銷目的。此後感官行銷深植我心，在我未來的職涯工作裡大鳴大放。

認真對待每件工作事，總有一天會被看見。

晚上的活動很盛大，是要穿長禮服的正式晚宴，邀請嘉賓共計兩百五十人。為了符合主題，連賓客的穿著都有Dress Code，要以銀色系為主，為了鼓勵賓客打扮，客戶特別規劃了現場最佳衣著人士選拔，邀請服裝設計師溫慶珠來參加晚宴並評選及頒獎。

溫慶珠是當紅設計師，對於要參加的活動提出非常多問題，包含辦這場活動的目的、為何要評選及評審標準、獎品內容、座位安排、出席服裝……等諸多細節，當時我和她的助理溝通，針對她的提問多次寫傳真詳細回覆，終於她答應出席了！她一到現場老闆迎上去打招呼接待，沒想到她指名要來找我說話，「我是因為妳的溝通很詳細，所以我才來的。」當時我真是受寵若驚，也為自己認真工作有人看見而雀躍。

就這樣，我繼續待在行銷公關這個產業，從小員工一路做到老闆之下的最高主管，成為老闆左右手。

後來我創業，為了不和前公司正面競爭，所以另闢戰場，開發不同產業。而隔行如隔山，許多產業知識、工作眉角以及人脈都不同，我得要用最快的速度上手。

這一次我為了自己開創的事業，再度自我歸零、砍掉重練。

比稿人生之我是公關人不是精品人

拿著一本發票，我開公司當老闆了。

開公司很容易，台灣中小企業包含工作室非常多，只要有地址登記申請發票，設立公司不是一件難事，難在要有業績進來，公司才能營運，才會長大。

一開始公司只有三人，我、一位正職員工和一位大四實習生，第一次尾牙我們三個人吃去吃Lawry's 牛排，十八年後有三十二人，我們尾牙去宜蘭三天兩夜小旅行。

新聞報導說仲誼公關是一線精品御用的公關公司，說我是時尚公關女王，事實上今天這個局面都是比賽來的。

助人為創業之本，一開始會設立公司，是因為以前服務過的化妝保養品牌客戶找我去救急，承辦她案子的公司出了很大的紕漏，差點開了天窗，我也的確幫她挽救了這個專案。此後，她開始把我介紹給集團內其他品牌，口耳相傳之下，我的公司一開始承接了非常多化妝保養品牌，舉凡新品上市記者會、百貨公司門口熱鬧的全日消費者活動，案子再小也要能接就接，畢竟公司成本很高，要付辦公室租金、要發薪水，當時我才意識到，這比上班領薪水的壓力巨大太多了，但是我的頭已經洗下去了。

年輕時拒絕當業務員，開公司後我變成了超級業務。當時仲誼沒有名氣，除了客戶介紹客戶，更要想辦法開發業績，案子不可能從天上掉下來，當老闆的只得帶頭當業務。創業前幾年，我常常參加比稿，只要有品牌要找公關公司，我們就會請對方給我們一個比案的機會，對小公司來說就是提高在品牌方的能見度。

比案通常包含公司簡介、提案創意、價錢收費，品牌要把公司的專案委外，必須審慎評估，通常有知名度的公司比較容易佔優勢，就像我們買東西會選品牌，你在超市買東西，即使是衛生紙你也會買聽過的牌子，這代表著一種保障。創意反而不是最優先的考量，創意不足可以等開始合作後再去調整加強，就算小公司很有創意，有時品牌為了安心還是會選擇大公司。像現在我的公司已經有知名度了，許多時候品牌只需要透過見面商談來了解我們的服務方式，以及我們擁有的專業與優勢，就可以決定開啟合作。

現在的仲誼公關不比當年，在時尚產業裡口碑已經有目共睹，甚至合作會給品牌安心感，所以現在我們很少參加比稿了，幾乎都是客戶和媒體把仲誼推薦給新客戶。

公司沒名氣的時候去比稿，唯一有勝算的就是價格，因為公司小成本低，而且為了獲得合作機會，當然願意削價競爭，承接之後就有了一個showcase，之後以案養案，在下一次面對新客戶做公司介紹時，幫自己加分。

仲誼公關邁入時尚產業開始經營精品客戶，其實是二〇〇六年的一個契機，我們比稿獲得了台北市晶華酒店地下樓的麗晶精品主辦的「麗晶之夜」這個專案，這是當時時尚圈每年最盛大的精品晚宴，集結了二十個精品品牌聯合舉辦，包括了Chanel、Dior、Hermès、Cartier、Tiffany……等，這些都是時尚精品產業第一線的國際品牌，聯合的服裝秀、珠寶秀，加上邀請巨星蒞臨，現場貴客衣香鬢影，總是掀起媒體的盛大報導，堪稱每年時尚圈盛事。

每次承接麗晶的活動就是一場武功寶典大練功，不只是一場晚宴，相關的還有記者會以及活動前期的媒體報導洽談，在活動前要把聲勢炒起來，所以對於新聞媒體需求及議題的掌控必須十分嫻熟；活動本身也是對於精緻與美感的考驗，現場桌上的陳設、晚宴套餐的菜色與服務方式，客人入場的五感體驗，都是規劃的重點；節目流程的安排倚賴的是有邏輯的細節規劃，賓客感受到活動的順暢都來自於縝密的沙盤推演及幕後銜接。藉由精品活動練功，打通仲誼公關的任督二脈。

這個活動我連續比稿了兩年，第二次才拿到合作機會。我記得第一次落選時，我直接打電話給當時負責的行銷總監，客氣地請教我們的案子有哪些地方需要加強？其實我就是想知道我輸在哪裡，同時也表達了隔年我希望能再次參與比稿。第二年我改進了我的提案方式和內容，就拿到了委任。

多年後對方成了我非常要好的朋友，他總是說居然有人膽子那麼大，會打電話給主辦單位問為何沒被選上，我只能說，「因為我太想要辦麗晶之夜了」。

工作上對自我的強力銷售，才能獲得大展身手的機會。每個人都需要一個被看見專業的機會，在機會來臨之前，你也只能持續不懈地默默努力。

麗晶之夜的活動難度非常高，因為二十個國際精品品牌標準都很高，每次面對這些品牌舉辦說明會，介紹活動主題及內容創意，最讓人緊繃的就是提問時間，每個品牌代表基於對活動的重視，提問都非常犀利，你的應對是否得宜仰賴的是你的專業，而籌備的過程也要和每一個品牌聯絡，與他們的溝通交流中，更了解了每個品牌的需求。

從第一次得標後，我連續舉辦了五年，練就了我的精品活動sense，sense不對溝通不對頻，是沒有辦法成就精品活動的。累積的經驗也讓我對大型晚宴的規劃流程、客人的接待、活動處理的細節以及對於時尚產業的嗅覺，越來越精通。也因為麗晶之夜，我們公司被精品圈注意，參與盛宴的品牌邀請我們去比稿，甚至直接委託我們執行，麗晶之夜成了仲誼公關切入精品圈的轉捩點。

很多從事時尚精品相關工作的人，不管是品牌人員、媒體、公關公司、場佈設計、秀場工作，都是因為從喜歡這些華美的精品開始；我卻是因為喜歡公關開始，因緣際會了解了精品公關的操作方式，愛上了這種細緻縝密的規劃與執行。

我常說：「我是公關人，不是精品人」，喜歡精品不代表你喜歡或適合在這個產業裡工作。面試的時候對於嚮往精品圈工作的年輕人，我總會說如果只是喜歡這些服裝和包包，你可以選擇當一個品牌VIP

就好，買精品就可以讓你開心滿足；如果你喜歡的是精品品牌的行銷方式，著迷的是幕後規劃的一切，你才有辦法在時尚產業裡生存。

別人搜集精品，我搜集由我操刀的精品活動。

服裝秀是創意、文化與邏輯的硬核

時尚產業是另一個多重宇宙。

大學的時候我看了一部電影，勞勃・阿特曼執導的《雲裳風暴》，當時的我不懂時尚是什麼，單純因為電影裡聚集了英、美、法、義各國一線大明星卡司，所以去看個熱鬧。故事以巴黎時裝週為背景，講的是服裝設計師、模特兒、編輯的工作、生活、利益衝突，宛如實境秀一般，讓我看到浮華的時尚產業裡的華美與秘辛，對時尚一竅不通的我，彷彿看到了另一個宇宙。

沒想到開始工作進入時尚產業後，我進入了我所謂的另一個宇宙。在這個宇宙裡我最敬佩的人是已經過世的TFDA織品服飾設計師協會理事長潘黛麗老師，她直到二〇二二年七十二歲離世前都還在設計服裝，將一生奉獻給最愛的時尚，逝世後成為時尚圈獲頒文化部旌揚狀表揚的第一人。

一九七九年潘黛麗老師率先在委託行販售自己設計的商品，當年台灣紡織產業發展蓬勃，卻沒有人像國外的設計師一樣用自己的名字做品牌，因此她創立以自己為名的服裝品牌「PunDaiLee」，成為台灣第一代服裝設計師。

潘黛麗老師是我的貴人，如果沒有她，不會有今天的仲誼公關。當年我創業時，我們公司只有五個小女生，接的都是化妝品記者會，或是小型的街頭活動，也許是特別投緣，潘黛麗老師竟然願意將協會每次舉辦的台灣設計師聯合大秀交給我承辦，只有辦協會的服裝秀時，我們才有機會和時尚線媒體接觸，蹭一下時尚產業。

潘老師主辦的活動規模都很大，至少二十個模特兒的大秀，賓客也是兩百人起跳。場地都是在古蹟、博物館等具有歷史意義、非常特別的地方，例如：高雄真愛碼頭、台南糖廠、國家音樂廳……等處，運用場地本身的特色來訂定主題，並且與在地文化連結，再邀請設計師們依據主題設計製作服裝。

不是服裝科系出身的我，對於服裝秀非常陌生，潘老師傳授了我所有辦一場秀所必須具備的硬實力與軟實力，從活動的前置安排，包含模特兒的試鏡、梳化到試裝，梳化造型如何與服裝搭配，場地佈置及音樂必須與主題相符，這些都是屬於活動前的籌備。

活動當天後場的安排，讓我真的見識學習了電影裡的場景，化妝師、髮型師、Dresser（穿衣助理），模特兒優雅上秀，進入後台邊脫邊跑換裝……，一開始覺得神奇，後來也見怪不怪了。

活動前台攝影師區域的安排、長排座位的分配、誰坐第一排……這些秀場裡的學問我都是跟潘老師學的，在數年後我去了巴黎時裝週Celine的秀場擔任媒體接待的工作，完全體現了我的所有學習。

一場秀只有二十分鐘就結束了，如何創造吸睛的亮點？如何觸動人心？還記得二〇〇六年潘老師領軍台灣設計師們在高雄真愛碼頭辦秀，模特兒全部坐在船上，活動開場船鳴著汽笛從水中央開往岸邊，一靠岸燈光亮起，模特兒們伴隨著音樂走下船，開啟了這場服裝秀，我永遠忘不了那一刻的震撼。

我深深感受到，服裝秀不只是秀，是所有創意、文化與邏輯的硬核。

當年的我其實很怕潘老師，因為我常挨罵，老師總是生氣我看不懂不同單位的角力，每次被罵完以為下次會被開除，沒想到老師還是把我當成班底帶著四方征戰，她說我太老實，卻傻得可愛也可靠。因為潘老師，不是科班出身的我，學會了怎麼做秀，搞懂時尚產業是怎麼運轉的，這番磨練練就了我們一身好功夫，也奠定了此後仲誼成為最強時尚公關公司的根基。

身為資深設計師，潘老師擁有深厚的人脈與資源，她可以一支獨秀，但是她總是提攜後輩，帶著其他設計師一起參與，希望為他們創造能見度與舞台。不只台灣，也跟國際接軌。一九九〇年代初期她就率領一票台灣設計師前進巴黎時裝週，她更跨國連結不同文化，二〇〇六年舉辦「時尚的樣子・邂逅法國在台灣」，邀請法國時尚大師皮爾卡登 Pierre Cardin 帶著作品來台，與台灣設計師聯合辦秀。她讓時尚超越語言與國界，潘老師是台灣設計師中真正的領航者。

長江前浪帶著後浪，提攜後進是身為前輩的大器。回憶起她帶著台灣設計師及我們在台灣從北到南做秀，還前進了北京時裝周及上海時裝周，那些一起彩排、做秀、腎上腺素噴發的日子，令人懷念。潘黛麗老師教會我時尚產業的運作脈絡、公關如何成就品牌、夥伴共同成就的道理，她對團隊的重視，深深影響了我。

我的貴人突然遠行，留下的是愛與溫暖。潘老師的突然離世，帶給我很大的哀傷。就在我決定幫潘黛麗老師辦紀念會的那一天，收到了一個禮盒，裡面是圍巾，有一張寫著我名字的卡片，是潘黛麗老師包裝好還未送出的禮物，卡片裡一如她的率性，只寫了「謝・妳」二字，我的淚水婆娑，模糊了卡片上的字跡。

個子嬌小，一頭精練的短髮，或紅或紫，每次見面總是時髦地染著不同的顏色。老師雖然高齡，但與時俱進永遠有玩心，對於新事物的接納程度不亞於年輕人。我跟她說Instagram的重要性不亞於臉書，就開啟了潘老師的IG世界，剛開始她會打電話給我，要我電話教學PO文的功能按鈕，後來玩得不亦樂乎，常常半夜不睡覺回我限時動態！

現在看過去我們在IG半夜聊天的對話紀錄，明知道另一頭的老頑童不會再回覆，那些字句依舊溫暖。

「一輩子只專注做一件事，一定會成功。」這是潘黛麗老師教會我的。二〇一八年仲誼公關義務幫老師籌劃了四十週年大秀，沒想到也是她生前的最後一場秀。當時她用最新的科技布料三明治布，設計了全新系列服裝，到了七十歲，仍然想要創新。我記得看著老師雀躍出場謝幕的模樣，全場起立給予熱烈掌聲，我很感動，她的這輩子簡直就是台灣服裝的發展史。

網路崛起，時尚產業也開始世代交替，在一片新銳設計師藉著社群竄紅的時代，很多人已經不在意或者不認識資深設計師們，但是潮起潮落，擁有真功夫並且堅持到底的人，才是經典。

七十二歲的潘黛麗老師，從十三歲開始愛上女紅、愛上布料，愛上服裝，直到現在，未改初衷。她曾說過：「**不管辛不辛苦，喜歡的事都該用一輩子投入**。」我希望自己可以像她，投入喜歡的事，直到人生最後一刻。

「謝謝妳，很愛妳，親愛的潘老師」。

為了紀念潘黛麗老師，我決定用一場最時尚的派對來跟潘老師道別，我親自聯絡過去一起幫潘老師作秀的夥伴們，每一個人都跟我說：「謝謝妳找我。」因為大家都很愛她，就像她疼愛著我們。

我把主題定為「潘黛麗玩轉時尚人生」，就像她喜歡玩樂的個性，紀念會要很時尚不要悲傷。這場秀在潘老師的母校實踐大學舉辦，展示了二十套潘黛麗老師設計生涯的經典禮服作品，我們剪輯製作了歷年潘老師作秀謝幕的身影，襯著她最愛的〈女人花〉這首歌，在謝幕時播放，看著螢幕上她的嬌小身影，我再也忍不住眼淚了，真的很捨不得，這次做完秀的大合照沒有潘老師了。

潘黛麗老師的最後一場時尚派對精彩落幕了，她去天上當不老仙，我們將跟隨她的精神，繼續#**玩轉時尚人生！**

再見了，我最尊敬的時尚老頑童，以後喝紅酒時我都會敬妳一杯。

四大精品活動仲誼公關Level Up

古人說：「千里馬常有，而伯樂不常有。」
仲誼公關在二〇一二年一次遇到四個伯樂。

二〇一二年是我們正式與國際接軌的一年，這一年我們做了四個台灣時尚圈矚目的大活動——Dior Taipei 101開幕、Burberry設計師Christopher Bailey訪台及Taipei 101開幕、Cartier卡地亞皇家風尚故宮展覽開幕、Chanel Little Black Jacket小黑外套攝影展。

在創業初期，我的許多案子都是比稿來的，這四大案的Dior和Burberry就是兩個大比稿，不是台灣分公司來評選，而是要通過管理大中華或亞太區的品牌人員核准。因為當年的Taipei 101是全世界最高大樓，是全球矚目的地標，國際精品紛紛插旗開大店，所以相關開幕活動被定位為最高層級，而不是地方市場活動，國外總部對於內容規劃與執行細節都要直接掌控。

有趣的是Dior的比稿不是提案，而是一場面談，我們只需要準備公司簡介分享我們的經驗，大中華區的高層團隊特別花了兩個整天時間在台灣，找了八個公司安排會議，我們公司被排在第二天的最後一個。

當天下午我們接到了兩次延後開會時間的電話，因為品牌前面的會議流程延遲，等到我們抵達進去開會時，時間已經是傍晚，我一邊做公司簡介，一邊看著全場品牌人員經過兩天轟炸的疲累。我心想「大事不妙」，仲誼當時的知名度還不夠，可能只是被找來陪榜的，我可以感受到他們對我們的興趣度不高。

做完簡介，品牌開始應景式地問一些問題，算是盡一下開會的禮貌。我被問到曾經做過最難的一個活動接待考驗是什麼？我分享了某次活動中，我就像《穿著Prada的惡魔》裡總編米蘭達聽助理悄悄話然後和客人打招呼的經驗。那是一個貴賓晚宴，由於場地很大有兩層樓，品牌人員都在二樓忙著招呼安排客人鑑賞及入座，客戶希望我在一樓代表他們迎接賓客，而且客人一下車要馬上知道他是誰，不希望我再多問一句「請問您怎麼稱呼」。

我怎麼可能認得所有賓客的臉和名字呢？於是我們做了縝密有邏輯的規劃，從車子抵達、保全檢查通行證開始一路回報，最後客人下車同時，我的小秘書在我耳邊悄聲說，我立刻迎上「李小姐、王太太，歡迎你們！」整個過程在我腦海裡有兩個景象，宛如台前台後並存的實境秀一般。

因為這個故事太有趣，品牌人員發現我們對於精品的顧客關係管理很有經驗，開始追問接待貴賓參加活動的禮賓相關問題，甚至出考題讓我們即席回答，都是一些做活動時的狀況題，像是：活動進場前客人的裙子破了。這種聽起來很匪夷所思的情境，實際上我們的確遇過一樣的狀況，對於一天到晚在活動上征戰的我們不難回答，整個會議後來的氣氛和前半場完全不一樣，他們變得非常熱絡，也表現出想深入瞭解我們團隊的樣貌。

果然我們接到了這個前所未有的挑戰！比稿從陪榜到上榜，用經驗贏得信任。

這場Dior Taipei 101開幕的大活動比我想像中複雜太多，在時尚產業的工作者都還記得當年在信義區吹起了一個巨蛋，作為晚宴活動的會場，當時剪綵的明星是近期剛得到奧斯卡最佳女演員獎的楊紫瓊。我以爲開幕活動基本要做的是剪綵、媒體宣傳，原來還有開幕酒會、三百人晚宴，以及三天兩夜的一百五十位國外貴賓的禮賓接待。

當時要開的是Dior全球最大店，不僅亞洲各國總經理要帶他們的重要客人前來參加，巴黎總部也有人來，所以開幕不只是開幕，這些國外飛來的每一位賓客我們得要接待，也就是說除了開幕酒會和晚宴執行，我們還扛下了三日一百五十人的禮賓服務及行程安排，從接機開始一直到離境。

這些國外來的客人，要招呼他們參加品牌的開幕行程，髮妝要安排、服裝裁縫要預備，他們也想藉這個機會好好體驗台灣，所以依據不同需求再規劃各別行程，雖然這些工作聽起來好像旅行社，但旅行社不會像我們的規劃執行如此細緻，這其實是行銷裡CRM顧客關係管理規劃的最高極致。

吹毛求疵是做精品公關的靈魂，快狠準解決問題才是客戶要的高手。當時和法國人密集工作，才發現自己累積的專業是被看重的，認知也是和國際接軌的，對於客人視覺、聽覺，嗅覺、味覺、觸覺五感體驗的規劃，細節的要求，工作人員的訓練，是站在同一標準線上的。

做精品活動真的要吹毛求疵，六十位接車司機我們一一面試，訓練儀態和說話，檢查車子內裝的每一個細節，模擬賓客坐進去的感受。活動前一度找不到一樣的衣服給女性禮賓人員備用換洗，因為老法滿意的款式貨量不夠，到活動前二天還在提樣本根本來不及了，我跟老法說，穿三天不用換裝，香水噴多一點就好，老法也點頭，所以做活動有時要有點機智。

越接近活動發生日，工作壓力更大，每天有回不完的國外email，國外的品牌人員紛紛飛來台灣和我們開會對焦，這個活動涉及的層級太多，活動龐雜而繁複，我記得活動前我大概一週沒洗頭，因為忙到連睡覺時間都沒有，一直在解決突發狀況。

剛開始與我們開會的法國人，因為不認識仲誼，不知道我們的經驗，什麼事情都不放心要親自過目，對於我們提供的建議有時也遲疑，百般挑剔，但是在工作當中，我們以實力攏絡了客戶的心。活動結束時，負責這個專案的法國人對我說：「Cindy, I can’t live without you.」然後給了我一個感謝的擁抱。

客戶的好評價讓我們持續合作，直到十年後Dior還是和我們一起迎接眾多挑戰。

二〇一二年很瘋狂，忙完了三月的Dior，緊接著就是四月的英國品牌Burberry設計師訪台和開幕大秀派對。這次是和英國人工作，活動的層級也是總部，所以我們是經過總部的視訊面試，才拿到這個案子。

面對法國人，要重視美感感受；和英國人工作，要注重邏輯和精確，例如：客戶要求星光大道要控制在三十分鐘內不能延遲，以免影響活動開場。但因為媒體喜歡拍明星，鎂光燈閃爍下很難喊停，一般來說星光大道都會預留比較長的時間，也會延遲。為了解決這個問題，也要讓老外相信我們做得到，我們把每一位明星出場、拍照、受訪的時間分別以秒估計，做成書面流程與客戶進行紙上彩排，活動當下時間一到立刻喊卡切換，多拍一張照也不行。明星、媒體和我們都在緊繃的節奏和壓力下，果斷且順暢地執行二十位明星的拍照與聯合訪問，包含了韓星Jessica和蔡依林，搭配瘋狂粉絲的環伺下，最後準時達成。

而當日台北的傾盆大雨，所有工作人員從頭到腳都濕透，這個情景深植腦海，讓我永遠無法忘記。

香奈兒小黑外套攝影展是品牌巡迴展，當時台灣是繼東京和紐約後的第三站，由現在已逝世的設計師卡爾拉格斐（Karl Lagerfeld）親自為全世界知名的時尚人士與明星掌鏡，每一位都穿上經典的香奈兒小黑外套，展現自我的時尚味兒。這個展覽在剛修復完成的松菸文創園區舉辦，為了這個場地的規劃使用，我們籌劃了八個月，當時很少有精品活動對大眾開放，也是我們公司第一次維運、執行一個月對外開放的展覽活動，奠定了我們辦精品展覽的專業。

等到七月忙完Cartier和Chanel這兩個巨無霸案，二〇一二持續半年噴發的腎上腺素終於和緩些，做完這四大精品活動，仲誼公關在精品圈算是揚名立萬。

每個專案籌備過程都可以寫成一本書，當時的磨難與考驗，現在都變成我們津津樂道的有趣回憶，豐富了我的公關人生，也為仲誼公關長成豐厚的羽翼。

2

1

1. 公關工作辦活動時的忙碌，連吃飯時間都要緊抓空檔，圖為早年還是小公關的我、和同事躲在拍照背板狹小的後方，快速吃便當被突襲拍攝
2. 公關活動上光鮮亮麗，背後是處理瑣事的辛勤，圖為早年當小公關時、與同事在後場整理要給記者們的新聞資料和禮物，大家穿著精緻時髦的黑色服裝及高跟鞋，還是要蹲在地上開箱裝袋
3. 2018 年仲誼公關義務幫資深服裝設計師潘黛麗老師，舉辦品牌 40 週年時尚大秀，活動後仲誼同仁們與潘老師合影
4. 2015 年潘黛麗老師領軍台灣設計師前往台南辦秀，秀後喝紅酒慶功，我俏皮的與老師合影

3

4

1

1. 2022 年七十二歲的潘黛麗老師驟然離世，我為她在其母校實踐大學，舉辦追思紀念會「潘黛麗玩轉時尚人生」，一場潘黛麗經典禮服作品的時尚大秀，時尚圈人士紛紛現身致意，活動由我親自主持，圖為當日彩排照片，所以還戴著眼鏡。
2. 2022 年仲誼公關於台南奇美博物館，為品牌 Dior 舉辦為期一週珠寶展系列活動，圖為活動後團隊於博物館廣場合影
3. 已逝世的台灣服裝設計師黃淑琦，每年大秀都是仲誼承接，圖為秀後謝幕設計師與模特兒在舞台上合影

2

3

1

1. 仲誼關懷社會支持公益，幾乎每年都會與愛飯團前往偏鄉小學，為小朋友舉辦「山裡的法國」法式餐會，圖為2021 年於台東長濱國小，公司同仁化身洗碗大隊的身影。
2. 仲誼團隊在活動上都化身黑衣人，辦精品大型活動時陣仗浩大，圖為辦完活動撤場時於工作後場合影。

2

2

1

4

3

6

5

1. 2012 年承辦 Burberry 台北 101 大店開幕，於 101 中庭與當時遠道而來的品牌設計師 Christopher Bailey 合影
2. 因為工作常親身體驗斑斕華美的時尚世界，圖為幫品牌舉辦時尚派對留影照片
3. 仲誼公關十週年時紀念照片
4. 2023 年一月受邀參加 LV 台北 101 改裝開幕派對，以女性企業家暨女力意見領袖身份於星光背板現身接受媒體拍照。
5. 舉辦精品晚宴時要注重客人體驗的細節，圖為親自指導同仁擺放菜單於餐巾上要注意與桌上陳設的對應事項。
6. 舉辦精品活動穿著華美穿著高跟鞋的工作狀態，圖為拿麥克風彩排。

快時尚成轉捩點，成就仲誼的晉升之路

我喜歡買快時尚品牌，更愛做他們的大Party！

記得二十年前，出國一定要去買ZARA的服裝，那是個全球開始風靡快時尚的年代，尤其是香港的貨超時髦，所以當耳聞ZARA在二〇一一年要進台灣時，時尚產業的工作者都非常興奮，而當我們接獲比稿邀約，更是欣喜若狂。

ZARA是西班牙品牌，台灣的第一家店開在Taipei 101，這個比稿要提案到西班牙，因為有著指標性意義，參與比稿的公關公司都摩拳擦掌，準備大顯身手。這個提案可以說很簡單，也可以說很難。

ZARA只有在進入每個市場時會做公關活動，基本形式都一樣，就是開幕前一晚舉辦購物夜派對，邀請很多明星和時尚圈人士一起率先體驗，暢飲香檳大買衣服，為隔天的開幕造勢。在活動形式既定之下，如果提一個額外製作的大創意，可能會背離活動原型，預算也大幅超出品牌自己原本的設定，所以不需要提太大的想法，這是聽起來簡單的地方。這種被限制規格的案子其實沒什麼好著墨的，什麼想法都沒有只是把活動變成執行計畫，每一家提出來的都會差不多，就沒有一定要被錄取的不可取代性，所以想要案子脫穎而出也很難寫。

二〇一一年正值網路數位社群的急速發展，時尚產業開始有一票以穿搭著名的時尚部落客崛起，於是我們提了一個想法——邀請一百零一位部落客同時出席活動，並和他們洽談在現場拍照同時上傳臉書，在ZARA Taipei Shopping Night直接轟炸整個社群。

現在人人都有智慧型手機，隨時拍照即刻上傳，完全不稀奇，但是在當時臉書才剛出生兩三年，加上手機拍照功能也還沒這麼先進，如果計畫實現，會是引領社群時尚浪潮的先鋒。西班牙總部喜歡我們提的這個一百零一位部落客轟炸臉書大洗版的想法，欽點了仲誼公關接案。由此，掌握社群成為公關致勝關鍵。

活動受邀的每一位時尚部落客都穿搭有型，當晚八點鐘瞬間社群洗版，造成轟動，這樣的社群曝光效果空前，隔日清早六點就有人來排隊迎接開幕，自此每日大排長龍延續了一個月。

有了創意宣傳，剩下要做的就是基本形式的活動，應該簡單吧？時尚派對上最重要的元素是什麼？答案是香檳。大家以為辦Party很簡單，這是一個八百人的派對，光是香檳需要的瓶數和杯子的計算，以及食物的份數加上服務人力的預估，這些**看似不是重要的事才是派對順暢的關鍵**。一般人一定想不到，很多人參加派對覺得不好玩是因為喝不到香檳，喝不到酒的原因有幾個：瓶數的預估量錯誤所以根本不夠喝；杯子準備不足也是一大原因，因為不可能派對中途去洗杯子，有酒沒杯子可倒也是枉然；再來就是服務人力不夠，酒從後場一端出就被拿光了，諾大場地的其他地方根本看不到有人送酒，所以也沒得喝。這些是最基本的辦趴常識，需要的是經驗累積和數學計算啊！

我相信每一件挑戰的來臨，都是為了之後的計畫做準備。因為做過ZARA Taipei 101開幕，我在四年後的二〇一五年H&M進台灣舉辦開幕活動時，更是得心應手。

這次是七家公關公司大比稿，因為這個開幕活動規模更大，並且伴隨一年長約的公關操作，勢必要好好爭取。當時我的團隊蓄勢待發，我在一開始時先放手，讓他們盡情討論分工寫案再整合，團隊花了很大的心思和時間做出一版論文報告般的企劃案，就在提案前兩天先提報給我，我殘忍地大筆一揮，拿掉前面六十幾頁台灣各個媒體的分析報告，重新提出我的想法，團隊只好連夜重新改寫。

這必須是一個有策略的提案，競爭前的打量很重要，我希望企劃案的內容除了活動的規劃與創意，還要包含媒體環境及競爭品牌分析。

過去我們常面對的是香港人或新加坡人，掌管亞太區的營運和行銷，面對他們提案比較能快速聚焦，因為他們了解台灣，媒體環境和很多操作模式是雷同的；但我們這次面對的是對台灣完全不熟的北歐人，歐美的媒體環境很單純，沒有這麼多電視台和數位媒體，而且他大老遠飛來一下飛機就來聽我們提案，時差的疲累及對台灣的陌生，我們必須在兩小時內讓他認識我們的專業、優勢、以及我們的創意，同時了解台灣的環境及公關操作的模式。

加上參與這次比稿的有七家公司，我先臆測競爭對手有誰，才能提出具有競爭性的提案。我揣測著不認識台灣的品牌人，一定會找國際性大公關公司，這樣的公司很擅於提出360度或縱橫式分析報告，這是其他常做時尚品牌的公關公司不會提的內容，所以我必須在案子裡結合一般時尚活動提案的派對創意規劃、我們公司擅長的媒體經營、對於社群的了解，另外再寫入競爭市場和媒體環境的分析報告。

台灣媒體環境和國外最不一樣的是，有非常多電視台二十四小時新聞放送，而且社群的使用介面也大不同，在當年台灣是臉書使用率全球第一名，但是國外大多使用Twitter和Instagram；市場面則要分析台灣人的服裝購物習慣，有哪些服裝品牌受到歡迎；競爭品牌分析則是要讓品牌知道當時最知名的幾個快時尚品牌，如：ZARA、UNIQLO……

等，分別在進軍台灣市場時做了些什麼，而這些內容我希望用四頁簡單的重點及圖示表現，讓聽者迅速進入狀態。企劃案最後一頁我用了我們公司每年拍的團隊時尚大片，展現我們是活潑有創意的公司。

功課做好做滿、啟動專業能量，最終我們拿下了這個案子！展開為期一年半的年度合約以及開幕系列活動。

活動包含了開幕前三個月帶領台灣媒體採訪團，前往北歐瑞典的品牌總部進行參訪，以及盛大的購物夜派對、開幕當日慶賀活動。這次的Shopping Night Party更轟動，在信義區香堤廣場的星光大道，宛如金馬獎般盛大，品牌從國外飛來代言人周迅，加上林依晨、陳庭妮、孫芸芸、林柏宏……等共五十位國內明星出席，星光熠熠閃亮了整個信義商圈。此外還有兩百位KOL現身造成社群大洗版，總計兩千人的大派對，幕後策劃的邏輯縝密才有賓客的自在愜意，這個活動奠定了仲誼公關專精於辦大活動的美譽。

隔日的開幕式，我們在清晨六點發早餐給排隊人潮，開門進店的第一波搶購潮加上媒體SNG連線採訪，大場面在我們的引導下有條不紊。

從精品五感行銷及尊寵賓客活動的規劃能力，到快時尚的消費者面對面，高端與平價時尚大場面的掌舵，加上媒體運作及數位社群操作能力，開業十年的仲誼公關已然功力嫻熟，在時尚圈站穩了腳步。

從跑步中獲得靈感創造新媒體 Wazaiii

我其實是個怪咖，和別人不一樣。
在生意上喜歡做的事不一定賺大錢，
但是有趣我就會做下去，我想做我喜歡的東西。

二〇一五年二月辦完H&M開幕後，仲誼公關算是又翻過了一個山頭，許多品牌主動找我們合作，連比稿都不必就直接委託，在業界我們被定位在時尚精品公關專業的前三名。

但我開始覺得心裡有點空虛，甚至有點不知下一個目標何在，即使拿下新品牌新案子，都沒有雀躍的感覺。我是一個有被淘汰妄想症的人，當一帆風順時，我心裡就會有隱隱的不安。我想著是不是職場平順了？不需要再突破？我已經膩了？

在我剛入行時，當時在時尚產業火紅的公關公司此時已漸漸凋零，我一直有危機意識，會不會幾年後仲誼也被取代了？我總是思索著公司要怎麼突破。

想不出答案，只能暫時擱著，做點別的事轉移焦點。本來不太喜歡運動的我，在這一年夏天決定開始做跑步訓練，為自己立下速度和距離目標，每週頻繁的自我練習，將職場的突破轉換到個人生活，讓自己先把工作和事業拋諸腦後。

二〇一六年一月我驗收了我的練跑成果，十公里六分速，比起專業馬拉松的跑者差得可遠，但是以肉腳又本來討厭跑步的我來說，算是一大進步，更重要的是我愛上了跑步。跑步時的腦內啡讓我有了靈感，替我的不安找到解藥，我要二次創業。

我不想只被定位為很會辦活動或是媒體關係很好的公關公司，因為這是公關公司該有的基本，**只憑基本價值隨時可能被取代**，我必須想辦法讓自己的公司再長出翅膀，才能如虎添翼。

當時的數位社群趨勢開始成為熱潮，除了臉書，Instagram和YouTube也崛起，整個傳媒環境變得比過去傳統媒體時代（只有報紙、雜誌、電視）更加複雜，連公關溝通方式也必須要因應新興媒介的演進而調整，會演變成怎麼樣當時其實大家都不知道，就好像現在AI的發展，我們也不知道未來世界是否因此翻轉。

我想要緊緊抓住趨勢變化，我想讓自己的事業體進化，所以決定二次創業。很明確的，我想要做的新事業必須和數位社群有關。

因為長期在時尚產業耕耘，我擁有的人脈與資源都與時尚相關，於是我想建立一個以時尚觀點為訴求重點的數位平台，當時正值新媒體、自媒體如雨後春筍般遍地開花，傳統媒體也面臨數位轉型，紙媒紛紛成立線上平台，為了搶得先機，大多以點閱率和流量為考量，為求資訊傳遞迅速及讀者的快速吸收，大部分線上媒體呈現的內容是淺顯零碎的資訊以碎片式的形式傳遞，過往雜誌的深度報導內容在數位上越來越難看見。

當整條街都在賣蛋餅，不如我們就來賣法式吐司吧！我希望我的平台能有深度時尚觀點的陳述，觀點來自不同領域的切入角度，才能讓讀者看到時尚的方方面面，還有外在與內在。時尚不該是高高在上的，每個人都可以有想法，評論也好、建議也好、心得也好，總之在一篇內容裡，要讓讀者看見隱藏的知識與獨到的見解。

於是Wazaiii時尚觀點平台誕生了，Wazaiii發音為「哇哉」，近似台語發音，意思就是「我知道」，讓大家都知道更多時尚生活相關知識，而知識從何而來？字末的三個iii指的是influencer的意思，有影響力的人，三人行必有我師。

這個平台彙集了時尚人士、其他專業領域人士的觀察、一般消費者的體驗心得，我們尊重每個獨立的個體發表想法的影響力。

六年前網站一上線，獲得業界人士的關注，因為很不一樣，現在在網路上搜尋Wazaiii，有非常多的人物專訪，包含文章和影音，Wazaiii邀請的受訪人物不只是明星，更多的是意見領袖，從人物的專訪裡學習他們的人生思維。有質感且親近閱讀的方式，貼近世代的內容，傳遞他們的觀點給讀者莫大的啟發。

過去的媒體獨大，媒體報導說了算，現在網路民意成為異言堂，被關注的議題是大家熱衷的但不一定是正確或是公正的內容，姑且不論這是不是好的現象，但是網路社群上的熱點擴散或風向，也成了我會關注的現象，培養了我面對新世代的公關溝通能力。傳統的公關只要對媒體單一向地做新聞發布，之後順應媒體曝光內容應變，現在這只是基本，更重要的是如何同步掌握社群風向，讓新聞和網路現象串連，這是現在每個品牌在操作行銷公關的需求，甚至是有負面消息時，要如何危機處理，跟著風向預測軌跡做調整。

現在的仲誼因為Wazaiii事業的助攻，我們的團隊不會墨守過去的公關操作模式，而是更懂得靈活運用新的操作：傳統媒體＋新媒體＋自媒體，社群洗版加乘媒體報導的曝光度，議題策劃＋內容製作產出，這也是我們有別於其他公關公司的優勢及能力。我們已經凌駕其他不管是廣告行銷或公關公司之上，因為創辦Wazaiii，仲誼正式邁向整合行銷產業，單一功能提升成複合式多元優勢，我找到了不可取代性，成就公關事業的三百六十度演化。

做媒體新事業很燒錢，我看的是從如何從腳下到遠方，**如果每件事都先從利益考量，就會失去初衷**。

多了新事業的額外收穫是，我成為是同世代的友人裡3C最靈光也最會使用Instagram的人了！為了Wazaiii，我投入了數位社群的領域，為了要研究並跟上新趨勢，我自己勤勞使用社群平台，而不是當一個只動嘴的老闆，或是滿口理論派。每一年手機介面和社交媒體推陳出新，我強迫自己要跟上，當Clubhouse興起我得關注加入，Podcast興盛我就投入製作開立了〈我愛上班〉，不只YouTube，小紅書、抖音都是這幾年Gen Z和Alpha世代關注的資訊媒介，我仍然期待著未來還有什麼新的玩意出現，讓我可以和年輕世代溝通無障礙。

我知道一頭栽進數位社群世界的我，回不去了。

疫情衝擊再創哇哉上課

二〇二〇年初，新冠疫情大爆發，
讓這個世界停頓三年，也讓我開啟了另一個新事業。

疫情發生前一年二〇一九年，是仲誼公關成立十五年，當年度業績突破創新高，是公司成立有史以來營運最好的一年。在當年底我們下一個年度客戶預定活動的排程已經排到二〇二〇年十月，誰知道一過完農曆年，全球疫情大爆發，看著國外死亡人數及傳染速度，所有人都驚慌失措。面對世紀瘟疫大家都不敢外出與人接觸，誰還敢參加實體活動？所有品牌全球預算凍結，本來預定的案子一一取消，活動也停辦，公司頓時失去當年度百分之七十的營收。

開公司十五年來，我從來沒有如此提心吊膽過。這些年業績當然有起伏，但是沒有像溜滑梯一樣瞬間跌落，且重點是當時疫苗尚未研發成功，大家都不知道這場瘟疫的終點在哪裡，也不知道生意何時能回來。記得二〇二〇前半年每天都在算現金金流，盤算著要怎麼樣度過十八個月沒收入？說來好笑，為什麼是十八個月？因為這是新聞報導疫苗研發需要的時間，我自己想著至少等到疫苗研發成功，我就有機會。沒有進帳也沒有出路，只能想著撐到最後就是贏家。我是白手起家，沒有家底雄厚的娘家夫家可依靠，也不是上市公司大集團有投資人的資金，要撐唯有靠自己，真的是只能和這個世界拚了。

有人跟我說：「當老闆的妳怎麼可能沒錢？」真的是絕了，這話好像老闆就是天生帶著金條開公司，隨時有個金庫任意使用。一個體質健康的公司，必須有週轉預備金，通常會預估即將發生的收入，斟酌準備隨時可動用的資金，但是在不知何時有收入的狀況下，預備金要準備多少才夠？要準備多久？

眼看這是一場長期抗戰，就算老闆願意把過去賺到的錢再投入，但也不能是個無底洞！雖然一時半刻不會彈盡援絕，然而我每天都在思考如何在半年甚至一年後，還能月月發薪水、不減薪不裁員？如果這樣是不是要開始賣房子？

只有在這個恐慌的世道，才突顯出老闆的價值，他得更有Guts。

為了分散沒有生意的擔憂，我不時想著該趁現在做什麼事，當時讀了很多企業面對危機的文章，有個觀念打動了我——當企業受到嚴重的打擊，更應該趁這個時候放手一博，做有挑戰性、突破性的事，為企業開創新的機會，也就是置之死地而後生。

我頓時領悟，**當別人都保守面對，停滯在原點，如果我能跑起來，等到危機度過，我會跑在別人前面**。

要做些什麼呢？每天入睡後我很快就醒來，總是思緒滿溢但是欠缺靈感。也因為心裡有些害怕，害怕自己無法擔起一整個公司員工的家計，害怕沒辦法幫公司找到方向，害怕過去努力的一切成了幻影。

對於自己一直處在這種停滯狀態，我很痛苦，一定得做些什麼改變一下，當時心裡甚至想著，如果世界末日都要來了，還有什麼好怕的？是不是應該把握時間把想做的事情好好衝一波？

當時我想到了Wazaiii一日密集時尚營。原本每三個月Wazaiii就會辦一次的全日講座，邀請在時尚、行銷、美學相關產業界的專業人士，分享心路歷程及實戰教學，受到學員和粉絲的好評。因為疫情的關係，二〇二〇年原定要舉辦的時間不斷延期，最後還是取消了。

曾經有一位從彰化來參加講座的十七歲女生，她跟我說不管是家人、學校的同學，沒有人了解她為什麼喜歡時尚？為什麼腦子裡總有這麼多奇怪的想法？為什麼不安分念書就好？但是她參加了時尚營的課程後，上的都是學校沒有教的事，讓女孩更堅定要擁抱她的時尚夢。

每一次講座我都在現場，聽著每一位講師的課讓我醍醐灌頂，看著年輕孩子的炙熱眼光，下課時圍著講師和我問問題，關於時尚、關於職場、關於人生，不禁想起自己在踏入社會時的稚嫩與跌撞，如果那時有人像這樣引路多好。

我想要繼續延續這份感動，於是我決定把Wazaiii一日密集時尚營轉變為線上課程。

最時髦的線上學習平台——哇哉上課，成了我在疫情下的新事業。要開始啟動這項新事業，其實經過一番掙扎，和我相熟的朋友就會知道，因為骨子裡的叛逆，我常常反其道而行。二〇二〇年上半年，對每一個公司經營者來說，是特別辛苦的一個階段，對我也是。**與其恐慌而保守地坐以待斃，我寧願冒險挑戰**。

開辦課程甚至自己教課，連我自己都意想不到，大學時的我根本不喜歡念書，因為當時的課程不合乎興趣。記得有位教授還跟所有同學說：「不考研究所的人是不學無術。」這樣「萬般皆下品，唯有讀書高」的言論，讓我飛也似地逃離學校去就業。

開始工作後，學校沒教的事，每一件都有趣，我不僅在工作中重拾自信，更成了工作狂！但是在職場中為了想要更上一層樓，我經歷很多找尋方法的撞牆期，每件任務都是不斷地自我挖掘，累積出實戰能量。

經過半年的規劃，哇哉上課上線了，專門教學校沒教的事，期許和我一樣熱愛工作的人，能不受時間空間限制來精進自己，少走一些冤枉路，有效率的朝夢想前進。

課程包含四大方向，時尚產業、職場系列、行銷特訓、生活美學，我邀請了時尚界前輩、廣告行銷高手、風格美學達人等等，深入淺出主題性規劃每一堂實戰課，用步驟式教學並且結合風格式體驗，為年輕人指引方向。

我想起爸爸一直很希望我當老師，沒想到現在我真的當了，而且是用這個時代獨有的前衛方式。

學校沒教的，才是最應該學習的事。我想我應該會繼續叛逆又前衛。

1

2

3

4

1. 事業體從仲誼公關跨足時尚生活媒體 Wazaiii 及哇哉上課線上學習平台，公司正式轉型為以整合行銷全方位傳媒服務的仲誼集團
2. 疫情時與賈永婕錄製哇哉上課公益免費線上課程《賈永婕教我們的生活課—不放棄 就永遠有機會》，於疫情下給社會大眾鼓勵
3. 哇哉上課線上學習平台之形象照

4.2015 年辦完 H&M 連三日大活動，與公司團隊於信義區香堤廣場合影

2

3

1

5

4

1. 2022 年與郝慧川聯合主持 Podcast《我愛上班一郝慧川與惡魔老闆的怪味雞湯》、每週更新，圖為凱特王前來專訪錄製
2. 《我愛上班一郝慧川與惡魔老闆的怪味雞湯》Podcast 形象圖
3. Wazaiii 時尚生活媒體開站主編李瑜，前來參加我愛上班 Podcast 專訪錄製
4. 哇哉上課青年營講座現場與學員分享
5. 2023 年推出《惡魔老闆岳啟儒的職場心機課》，每月於哇哉上課直播開課

1

1. 連續兩年參加台北馬半馬路跑，圖為 2021 年跑完留影
2. 哇哉上課《岳啟儒的職場加薪秘笈》線上課程形象圖
3. 2023 年恢復舉辦「Wazaiii 一日密集時尚營」實體課程講座，圖為服裝設計師周裕穎擔任講師，和我與學員合影

1

2

Alpha

我 是 惡魔老闆

你遇見惡魔老闆了嗎？

大部分的上班族都不喜歡老闆，
更不要說是惡魔老闆，有幾人能忍受？

跟我工作八年的J在離職前跟我說：「老闆，其實妳很好相處，但是跟妳工作真的很不、容、易。」我明白他話中的「不容易」三字在內心的發音應該是——很痛苦。我相信跟我工作過的同事，一定都在內心偷罵過我，不然就是曾經潸然落淚。

為何很難和我一起工作？因為我很難搞定，工作標準很高很嚴格，俗話說就是很機車。工作上要讓我滿意，必須非常努力和盡力，我總是可以輕易看出造成工作不完美的小小縫隙，這是我惡魔的地方。

如果吃不了苦、
熬不過，
無須渲染委屈
來洗腦自己

大家一定都不想遇到惡魔老闆，先來定義什麼樣的老闆是惡魔。

年輕時的我曾經和一位流氓老闆工作過，他講話每一句話開頭都會先問候我媽，開會罵人的時候更是髒話連連，同事們都很怕被他叫進去辦公室問話，一不小心不順他的心，就被罵哭出來。

有一次老闆叫我進去拿文案給他看，他想大改一番，卻忘記他早就已經拍板定案。我告訴他已經送印刷了，他生氣地把我的文件丟在地上：「妳以為妳大學生了不起嗎？」就在他要繼續開口轟炸的同時，我撿起地上的紙張，說一聲「老闆我先出去了」，然後轉身離開，留下呆楞的他。

這種老闆是惡魔嗎？對我來說並不算，他只是有情緒控制障礙，容易暴怒又不講道理，不要隨著他情緒起伏就沒什麼好怕，等我學會我想學的功夫就可以離開了。

我還遇過另一種老闆，對待你像姐妹一樣，不時噓寒問暖又關心，還常常請吃飯，但是出錯了他一定不會挺你，甚至在外人面前落井下石。

有一次我出包了，現場活動背板顏色輸出錯誤，卻是他也審核過樣本才製作，結果挨客戶罵的時候，他還當著客戶面前一起指責我，好像這件事跟他無關，事後也沒有對我說明或致歉。

這種老闆是惡魔嗎？不是，他只是沒肩膀愛推卸責任，我就自己犯錯自己扛，做事更謹慎些，讓我的工作不良率降到最低。最後是他被我追過只好離職，我爬上去當了主管。

在公關公司的工作裡，我的客戶都是我的老闆，形形色色我都遇過，這麼多年來讓我佩服的其實一隻手數得出來。曾經有個客戶在我心中才是惡魔老闆，聰明、重細節、自我要求也高、對工作滿滿熱情，在業界已經呼風喚雨，還願意接受我這個經驗不多的小蘿蔔頭的服務。他可以在等我趕案子的同時，自己等不及先寫完邏輯架構寄給我等我討論；一起工作時總是指出我邏輯上的錯誤要求改正，只要改正了他就給過，和他工作的過程大大增進了我的學習效能。

有一次活動出現非常大的危機，我邀請的國外明星臨時不能出席，大多數客戶會先想到對自己公司要如何交代？會不會危及自己官位？通常會有情緒性地怪罪，沒想到他不但沒有遷怒於我，還主動跟我討論怎麼進行這個公關危機處理，著實讓我好好上了一課。

這個客戶成為我在職場上的Role Model，我想著有一天當我變成老闆時，我要成為他。我開始自我要求，即使我的老闆或客戶好說話，我做的每一件事要達成我自己設定的標準，漸漸地我變成了惡魔老闆。

我知道和我工作的人總是對我又愛又恨，因為不達到我期待的目標，我不會輕言放棄；不符合我認定的標準，我也不會輕易放過。過程你必須很努力、很累，甚至有時候打擊很大，但是你會獲得前所未有的學習，學得比別人多也比別人快。

這樣的我，在職場上從沒改變過，從年輕時的基層員工而後成為主管、最後自己創業，始終如一。加上我不鄉愿，是你的問題我一定讓你明白，因為我希望你改變。改變了，你變厲害了，我的事業也強壯了。

到底我有多惡魔？我生氣不會摔東西，不爆粗口，罵人不帶髒字，甚至讓你走心。但是我很難呼弄，也很難安撫，對於工作上的不完美耿耿於懷。

有些人以為情緒化、愛咆哮的老闆就是惡魔，其實這種老闆好處理，你只要察言觀色，別在火山上澆油，必要時嘴甜一點逗他心情好，你就可以安穩抱著飯碗。真正的惡魔老闆是不會跟你套交情的，想要不挨罵，你得努力；想要獲得賞識，你得憑實力。

就像電影《穿著Prada的惡魔》，米蘭達從沒有情緒化的責罵，講起話來咄咄逼人頭頭是道，眼神冷靜而犀利，彷佛一眼可以看穿你。讓人害怕的是，你發現她講的都對，戳中你的痛點，也看穿你的能耐。

有些人覺得惡魔老闆就是瘋子，逼著下屬或員工人人要崩潰。但，何必崩潰？**工作是自己選的**，**人生的路是自己要走的**，你可以決定要不要為五斗米折腰，也可以選擇要不要吃苦當吃補，真的沒人拿刀架在你的脖子上，更不要包裝自己的無能。

認輸吧！如果吃不了苦、熬不過，無須渲染委屈來洗腦自己，也不必說假話哄別人哄自己，只會讓自己沉淪在顧影自憐的小圈圈。而且惡魔老闆不會在意，他正專注地往他嚮往的境界邁進，路途上停下來的過客，或是絆腳石，他不屑一顧。

唯一報復惡魔老闆的方法，就跟電影裡的小安一樣，做到讓老闆滿意，再離開。

J非常優秀，因為他用努力克服了工作上的痛苦，所以才能累積足夠的實力，讓他去追尋夢想，到了哪裡都是別人敬重的專業人士。

所以，如果你真的遇見惡魔老闆，恭喜你已經往出頭的方向邁進。就看你要不要。

你曾經因為工作而哭嗎？

時尚產業工作壓力超大，
因為時間緊迫、任務難度過高、遇到挫折或疏忽出錯……，
壓力宛如疊疊樂不斷堆高，一不小心瞬間垮台，
情緒也會因為過度緊繃拉扯咻地斷線，
在這行業許多人都有崩潰大哭的經驗。

我知道即使在其他產業工作壓力沒那麼大，但是工作攸關飯碗，上班族都得好好捧著，每個人或多或少會遇到挫折，落淚也是有的。

我是一個看芭樂劇情節很容易哭的人，只要有生離死別的催淚劇情，我就會跟著落淚，但是我在工作上卻是一個不太容易哭的人。我總

覺得，哭只能發洩情緒，但哭完之後呢？

自從我當主管之後，幾乎沒有因為工作而哭過，面對有些下屬宛如水龍頭開關一開就哭個不停，我常覺得無奈，我不是個因為對方哭泣就立刻給予溫暖的人，我的反應別人看起來覺得無情的戲碼，這二十年來常常上演著。

記得曾經有位下屬拿著被我批改滿江紅的新聞稿，她洩氣地坐回我斜前方座位，我並沒有罵她，只是要她再修正，也許她覺得自己花了苦心的文件被退件，心有不甘或挫折難堪，於是在座位上哭了起來。她啜泣的聲音在小小的辦公室裡格外清晰，辦公室裡除了她一片靜默。等了三分鐘，我抬起頭對著她抖動的背影說：「要哭去會議室哭，不要在這裡影響大家工作。」

那時我是一個同時要管八個案子的主管，公司裡沒經驗的人多，每個細節都要看，每天工作從早上十點到晚上兩點，是我才要哭吧？

你呢？曾經因為工作落淚嗎？你知道自己在哭什麼嗎？在工作上高

害怕做不完，
害怕做不成，
害怕
自己沒能力

要求的惡魔如我，難道就沒有因為工作哭過嗎？當然有的。

回想過去因為工作而哭，只有兩次，一次是資訊人員幫我修電腦，不小心把所有資料刪除了，我幾年來的工作檔案全毀！另一次是我剛當上小主管帶人，加班到半夜，面對所有人等我解決難解的題，壓力超大，半夜打電話給曾經是同事的朋友哽咽訴苦。

那時我剛當上主管，每天要處理同事做不完的事，要收拾出錯的攤子，要盯著所有人的進度，當客戶不滿意，還必須要幫下屬挺身接受責難，面對著太多的事情做不完也做不好，那一次就因為發現同事沒有檢查的一個小疏失，成了壓垮我而眼淚也隨之潰堤的最後一根稻草。

為什麼工作重、壓力大的時候會哭？因為害怕，害怕做不完，害怕做不成，害怕自己沒能力。我知道當時的我很害怕。

很多人是被主管質疑或責難而哭，因為覺得被罵很丟臉；或是自己已經做得很辛苦了還被唸，很委屈；也有人是下意識在討拍，希望老闆可以來秀秀；而懊悔自己沒做好的也是大有人在。

害怕，丟臉，委屈，討拍，懊悔，這些都是情緒，情緒發洩之後，事實並不會改變。有沒有想過如果是同一件事一直受挫，工作上總是發生同樣的問題，沒辦法突破，只是哭會有幫助嗎？**哭與不哭，哭多哭少，沒有哪一個比較高明，重點是哭完之後**。

凱薩琳跟我一起工作時只有二十四歲，長得標緻工作又認真，但是她應該是我所有帶過的員工裡最愛哭的。剛開始跟我工作的那幾年，常被我罵，凱薩琳總是哭得慘兮兮。為什麼被罵呢？因為我不能接受工作上只試了一種方法，碰壁就來告訴我無法達成。

有一次客戶委託我們要幫遠道而來的設計師洽談媒體專訪，這位設計師並不火紅，所以媒體給凱薩琳的回覆是「設計師已經不是第一次來，以前訪過了，已經很了解她的設計理念」諸如此類的軟釘子。

當時凱薩琳很洩氣，沒想到我反問她：「得到這樣的回答妳就要放棄了嗎？妳有自己先想好多個主題再跟媒體討論嗎？如果妳做的只是傳話，要不要我來談就好？」

——害怕做不完，害怕做不成，害怕自己沒能力

我其實可以直接接手工作，員工馬上就可以解脫了，我自己處理更是快狠準又輕鬆，教導不會做的員工，比較累。我也知道我在質疑員工工作表現時十分咄咄逼人，因為我希望能逼出你的爆發力，爆發之後就是能力再升級。而且你最無法想像的是，**當任務完成後的成就感，不是我的，是你的**。

凱薩琳後來談成了七個專訪。

每次被罵哭紅了眼，凱薩琳都跟我說：「好，我再去試。」她的優點就是，永不放棄。對困難任務的堅持、對工作的堅持，對產業的堅持，自始至終都不放棄。每一次哭完她從不打退堂鼓，繼續向前，然後就翻過這座山頭。

因為這個持續堅持的韌性，她翻過一山又一山，十八年過去，現在凱薩琳是公司的主管，帶著一整個團隊，在時尚媒體圈赫赫有名。

而我記得當時那個感到害怕、二十八歲的我，掛上電話後就擦乾眼淚，默默地繼續把工作拚完。一次、兩次、三次……的壓力測試，漸漸

地能承載負荷的更多，成就了我當老闆的肩膀。

愛哭沒有關係，哭完之後，深呼吸喘口氣，找出方法，面對它、解決它、搞定它，這樣子哭這場就值了。

下次哭完之後，請記得捲起你的袖子來！

老闆是你的助理嗎？

「請問我是你的助理嗎？」
每當我講這句話不是感到無奈，就是生氣了。

當老闆多年，我看過很多初入行的年輕人，工作表現落差很大，明明基層工作通常都很簡單，但是做不好的狀況令人匪夷所思，有時我會懷疑自己在和小學生溝通。很多人工作時還是學生心態，談抱負聲量很大，做事時連小事都做不好。

我是從基層做起的，所以我常跟同事說：「你們現在做的每件瑣事我都做過，你們覺得被大材小用的感受我也有過，但是想幹大事業的話，等你坐了我的位子再說。」

一早的視訊會議，要做工作報告的主角莎莎就消磨掉我的耐心。「呃……分享畫面的功能在哪裡？」真不想一早就發脾氣，還好小艾搶著說：「老闆妳等一下再進線，我先用line視訊教莎莎用會議軟體。」

我不懂也不想理解，為什麼不會使用視訊軟體又要做報告的人，不提前摸索一下功能鍵？在我每天會議滿檔的狀況下，憑著印象我只記得小艾每次開會資料都準備齊了，檔案都開好了，還會貼心放大字體讓我減低眼壓。

年輕時的我跟著老闆去開會，她總是說「妳把幾個重點打成一張紙就好」，一張紙就能搞定所有事？萬一客戶要看企劃案？要知道合作廠商報價細項？要過合約內容？越想我越不安，就把整袋文件資料抱著去開會，當老闆跟客戶談笑風生的時候，我就會適時的遞上相關資料，讓老闆很順手地跟客戶商談。

我真是天生就如此聰慧嗎？當然不是，**人生就是要吃過虧才會有長進**。

當時我的老闆是一個魅力十足的人，開會總是笑咪咪的，大家都很喜歡她。有一次會議時客戶問我們幾家飯店的聯絡狀況，是否都有檔期？老闆對我投以一個溫柔的微笑，我腦袋裡的小劇場開演，現在是我要回答嗎？老闆妳叫我打的那一張紙上面並沒有這一項啊！心裡的ＯＳ不斷浮出，我萬萬沒想到必須要接這個球。

尷尬的我靈機一動，「我現在再去跟他們確認一次。」在以前沒有智慧型手機時期，我很喜歡背電話號碼，憑著記憶力打了幾通飯店電話詢問，十分鐘內回到會議上提報，不僅過關了，事後還獲得老闆稱讚。

但是當下我心裡明白，這其實是我的狗屎運。如果不是湊巧我會背電話號碼，如果客戶出的是其他招，我可能就尷尬到底了。老闆會出手相救嗎？當然不會，為了顧全自己的面子，肯定我得當場被數落一番。埋怨老闆沒有先講嗎？如果可以從此和老闆約法三章，老闆要自己認真負責地告訴你和提醒你工作準備事項，我想每個老闆都會說：「請問我是你的助理嗎？」如果老闆得當你的助理，以後他自己處理就好了，你在職場上的價值等於零，很容易被別人取代，當遇到疫情要裁員或無薪假，不挑你要挑誰呢？

從此我學到了一件事，工作要超前部署。

相信很多人都不喜歡自己的老闆，但老闆是你的敵人嗎？不是，而且你殺不了他。老闆是折磨你的人嗎？是的，如果你受不了又不走人，你就得忍著。更積極的作法就是要想辦法制伏他。而制伏老闆的方法就是超前部署。

我開始和老闆賽跑，我告訴自己要跑在老闆前面，我會主動追著老闆問工作，因為我不想她臨時交辦讓我措手不及；老闆用簡短幾句話叮囑工作時，我會疑心病發作追問細節，套出老闆心裡真正想要的，並且用妄想症假設情境，模擬老闆想到還沒說、或是還沒想到的，先擬定出來，這樣我就有Plan B，可以面對老闆突發奇想的需求。然後我一定要提前在deadline前提交給她過目，用白紙黑字來跟老闆這種大忙人溝通，看看老闆你到底還想加點什麼，如果沒明確回覆我，就是欠著我，就得接受我的奪命連環催了。

員工催老闆回覆，相處的情勢可就居於上風啊！總是被老闆催的，考績會好才有鬼！**超前部署非關能力、年齡，和你是不是菜鳥也沒有關係，重點是在用心**。

二十六歲的小艾，同屬於活跳跳的九〇後世代，總是在群組裡追問我資料看了沒？即使我沒有給期限的工作交辦，都在我想起前提報出來。同事出包或忘記做的事，小艾會在我責難同仁前開口：「老闆我來處理。」上次會議到尾聲，小艾說：「我準備了主題企劃，老闆還有空看嗎？」那是兩個月後才要發生的事，我都還沒叫他提案。「先寄給我吧！我再回你，下一個會議在等我了。」我心裡想的是，「小艾你好樣的，又讓我欠著你了！」

視訊會議再度進行，大家討論正熱烈時出現了疑點，我問莎莎：「妳的文件有依據上週會議結論做修改嗎？決議的事項為何沒有列在上面？」「呃……因為我只是先把格式改一下，我……內容還沒改。」我深呼吸了五秒：「請問我是妳的助理嗎？」說完我的經典名言，立馬離線。

我時常不解，為什麼提醒過的事記不住？即使錯了五遍被講了五遍？這種表現是連當助理都不夠格的。如果你埋怨老闆都只讓你做瑣事，先看看你的瑣事做得是否完美？先認真做到助理等級工作的本份，才能來談如何發揮才能。就像要跑跳之前得學走路，走路不是不摔就好，走得穩以後才能跳得高。

成敗就在細節，小事做好才能累積成大事。

菜鳥的殘酷舞台

誰能一出生就當老闆?
想當年我也曾經是一個初出茅廬的小菜鳥。

「這一週是你們的試用期考驗,通過的就可以留下。」我老闆美麗優雅,說這麼狠的話時也可以輕輕柔柔。

我和Paul差不多同時進公司,才兩個月,因為不熟悉產業,邊摸索邊工作,常常兩人一起加班關燈,本來互相取暖的兩人,卻因同為菜鳥進入了一個廝殺的局。

我們同期的菜鳥其實有五位,一個是老闆的親戚,一個是待了一年的實習生轉正職，一個是英文呱呱溜的ＡＢＣ，再來就是我和Paul了。公司一次錄取五個，其實是要在試用期間挑出適用的，只會留下四個，就價值性來說，我和Paul沒有不可取代性，只能二選一，這是菜鳥的殘酷舞台。

再厲害的人也曾經是菜鳥，當菜鳥的滋味很不好受，不僅是職場食物鏈的最下層，一不留神，被踢出去也不自知。所以每個菜鳥都想擺脫，渴望晉升老鳥，讓更新的菜鳥來當踏腳凳。

除了仰望老鳥的威權，菜鳥之間彼此也是競爭者，他人的優與劣，會凸顯你的劣與優。要在職場上生存下去，就得把握每一個表現的機會，**菜鳥之間比什麼？每個都沒資歷、沒經驗，只能比誰在狀況內，會用聰明的方法做事**。

阿特第一天來上班就遇到公司辦記者會，我還沒有空跟她解釋記者會是什麼，只能先把沒有經驗的她安排在接待台遞送資料。記者會開始前所有工作人員都是緊繃的，每個人有著忙不完的待確認事項，看起來神色匆忙。

「你們有藍色緞帶嗎？」客戶衝到接待台喘著氣說：「代言人衣服上的緞帶脫線了！」誰會隨身準備藍色緞帶呀？這時媒體和賓客已經要入場，哪有人有空去買呢？「阿特，你現在去永樂市場買！」我塞了五千元給她。

半小時過去，主持人準備上台開場，藍色緞帶還不見蹤影，正想打電話給阿特問她買到了沒？才發現我根本沒有第一天上班新人的電話！長官致詞完，還有教育訓練經理的簡報，接著舞蹈表演節目之後，代言人就要出場了！就在主持人開始墊詞拖延時間，阿特衝進後台，把懷裡十幾捲大大小小、各式材質、深淺不同藍的緞帶，一股腦兒拋在桌上，造型師立馬挑了合適的緊急為代言人縫上，危機解除。

「老闆，我花了五百元買緞帶，還有因為很緊急，我坐了計程車來回兩百五十元。」記者會後阿特把找回的錢交給我。「我沒交代妳，妳怎麼會想到一次買這麼多緞帶？」「妳沒說哪一種藍色和粗細，我想乾脆我全部買回來讓妳選，如果我買太多了沒關係，因為很便宜，我可以自己付錢留著自己用，車資我也可以自己付。」想當然爾，我不可能跟一個剛拯救世界的小兵收錢的。

從小住在屏東的阿特，台北市的東南西北都搞不清，卻意識到買緞帶這件事的急迫性，選擇跳上計程車，讓最熟悉台北的運將，載她抵達目的地，而且不慌張地思考並做決定，毫不拖泥帶水用最快速度完成任務。

這是阿特人生的第一份工作，不是科班出身、又沒經驗，因為公司正缺人手，我想試用期觀察看看，如果不適合就請她走，別互相折磨，這也是我一貫用菜鳥的原則。但是從緞帶事件我看出了阿特的靈敏和果斷，以及使命必達的責任感，我寧願手把手地教一個願意學習並且有潛力的新人，勝過許多履歷上每個工作都不到一年、說自己有經驗的半桶水。

阿特跟著我工作十幾年，現在她已經不是當年鄉下來的傻菜鳥，在時尚公關圈，她服務的是最高端知名的精品客戶，客戶別出心裁的要求都難不倒她，公司裡所有不可能的任務非她莫屬。

菜鳥做的事很微小，有時卻很關鍵，顯現的是他的潛力。有些人被分派到很基本的工作時，覺得自己被小看了，殊不知小細節大發揮的道理，菜鳥們與其想著立刻大展長才，不如思考當下的基層工作該怎麼做出一個成績。

一早的會議，我老闆要我們各自做週報，我和Paul負責的事情看起來很簡單，要打電話聯絡一百位各產業意見領袖做一份理財的問卷，一個人負責五十位。「我目前收到十份問卷，其他人還在聯絡中，大部分的人都電話溝通過，但傳真問卷後又聯絡不上。」Paul簡短地報告。

沒有手機、沒有社群也沒有email的時代，要找人你只能狂打每個人的辦公室電話和分機，直到他正巧在座位上，沒有去開會也沒有電話中，剛好可以接起你的來電。解釋完來意後，要到傳真號碼，把問卷傳真給對方，再不停打電話有禮貌地催促對方做完問卷，並且傳真回來。這些名單裡的人，都是各產業經理級以上的菁英，幾乎可以說是無時無刻都在會議中，每個都是大忙人，最重要的是，這些人都是老闆的朋友。

「我這邊五十位都聯絡完了，目前收回來四十八份問卷，還有兩位我今早確認過，下午會回傳回來。也跟老闆報告一下，其中二十份是我用電話詢問幫他們勾選的，因為他們一直沒空去收傳真。」這一整週，我把話筒幾乎是黏在耳朵上，每天都腎上腺素噴發。

老闆微笑著說：「妳很有耐心也很懂得變通嘛！我朋友跟我說公司裡有個妹妹打電話追問卷追得很認真耶！好了妳先出去，我跟Paul談一下。」Paul竟然沒有意識到這是生死之戰，一人負責五十位，這就是一場比賽啊！走出會議室帶上門，深吸了一口氣，我知道出局的不會是我了。

菜鳥之所以菜，就是因為什麼都還不會，沒經驗在公司裡完全沒有不可取代性，公司再招人把你換掉是輕而易舉。身為菜鳥的你要想辦法讓老闆看見你的特質，讓他知道可以怎麼用你，讓他覺得你是有價值的，最低標準的價值其實很基本，就是認真負責。

菜鳥的殘酷舞台，能勝出的方式不是才華，是比別人多用一點心。

職場裡的玉嬌龍

有一種人，天生是練武奇才，卻對江湖沒有興趣。

這是我對職場優秀人士的惋惜，總覺得他們是極少數值得獲得「九陽真經」練成絕世武功的人，卻寧願放棄習武去繡花。

Judy掩著面，從啜泣瞬間變成嚎啕，坐在我辦公室的沙發上，瘦弱的肩膀隨著哭聲的節奏劇烈抖動著，這是一場失控的會談。

還記得Judy剛進公司時，優秀的談吐、亮麗的外型，擁有高學歷的聰慧，卻又難得不眼高手低，做事認真仔細，不到三個月，主管就放心放手了。兩年後公司正好啟動一個幹部培訓計畫，想當然爾 Judy 成為公司的重點培訓人才，讓她開始帶團隊，公司寄予厚望，希望她可以成為最年輕的經理。

不料接下來的日子，Judy 每天眉頭深鎖，總是加班到最晚，她帶的組員離職不斷，辭職時都和人資反應工作沒有成就感。組員交的報告她看不順眼，就自己重做，說是帶團隊，搞到凡事自己親力親為，一個人做四個人的工作，她覺得花時間教同仁，沒有效率還不如自己做比較快，偏偏她又對後輩進步緩慢感到不耐，覺得他們在拖垮她，負能量糾結，沉重的壓力導致情緒崩塌。

「為什麼我要包容別人的錯誤及愚笨？」原來這個工作壓垮她的是別人的無能。「因為妳比較優秀！」我的回答讓彼此陷入靜默，只剩哭泣聲迴盪。

優秀的人到底要獨善其身？還是扛起一個局面？

職場裡大多是自掃門前雪的人，大家總是只想把自己工作做好即可，別人的事不是自己能力幫不了，就是不想花自己的時間去幫。

許多人在個人工作表現優秀，當上小主管後很不適應，因為發現管人比管自己還難，沒辦法控制下屬的工作表現，也沒有耐心與包容去指導，反而忿忿不平覺得自己的表現被拖累，不然就是全部把工作撿回來親自完成，搞得自己忙碌不堪，下屬也幫不了，心情哀怨開始同情自己，把自己當成悲劇英雄。

但是你是否想過，在戰場上，將軍是如何帶隊作戰的呢？主帥不需要展現他自己是百發百中的神槍手，他要做的是佈局與指揮士兵，而不是自己衝上前線。**真正的強者喜歡也善於掌控大局，看的不會只是自己的份內。**

我想到了克萊兒，她是我第一次遇到練武奇才。克萊兒也是個優秀外顯的年輕女孩，極度熱愛工作，和她在同一個職場裡，所有人都會被她帶動充滿幹勁。

有一天我要下班時，看見還是小菜鳥的克萊兒和同事在會議室裡，我開門關心一下為了何事要加班？原來克萊兒在教別組的同事寫新聞稿，因為那個同事的稿子已經被主管退了八次了。她的熱心很有名，經常主動指導比她不過晚進公司三個月的同事工作細節，成為基層同事們的小老師。

我看著克萊兒，就像看著年輕時的自己，雞婆管八家，看著同事事情做不完就號召其他同事一起來熬夜幫忙，但是老闆沒有賦予我主管的頭銜，也沒有叫我要這麼做，真的就是我看別人做事沒效率瞎忙瞎辛苦很慘，一種自以為是的拔刀相助。

漸漸地，我發現自己的工作人緣很好，當我遇到困難時，別人願意協助，我當上主管後，即使我的工作標準嚴格，下屬和我的關係也都不錯，因為我不會袖手旁觀，可以當他們的靠山。

當你因為工作互動而得人心，自然練就了領導力。有領導力的員工，將受到老闆看重，因為一般執行者容易找，好的主管絕對難尋。

我要開公司的時候，第一個招攬的員工就是克萊兒。創業初期，機會不會天上來，每一個案子都是去比案而來。當時我們兩個每天都在寫案子，還曾經合寫上下半部，同時比賽誰寫的又快又好。每當有比稿的機會，克萊兒就會興致勃勃，一副要大展身手的模樣。記得我生孩子做月子時，她自己帶著三個同事去見品牌總經理提案，當年的她也不過二十六歲！

當成功拿下一個案子，克萊兒就會給自己設定下一個目標，她永遠不自滿或安逸，總想要登上更高的山頭。對於我這種有被淘汰恐慌症的老闆，總是在想公司還能開創些什麼？我和克萊兒簡直是職場裡的天作之合。

老闆永遠在找武林高手，如果你剛好是，又有野心爭奪武林秘笈和寶器，你必定成就非凡。

十九年來，仲誼公關從國內廠商的街頭活動Roadshow開始做起，一路做到國際精品大案，現在的客戶列表都是流行時尚消費產業的全球知名品牌，這些年的征戰，克萊兒居功厥偉。

我問過克萊兒跟我工作這麼久不膩嗎？她說：「跟妳工作有機會無聊嗎？老闆妳永遠在搞新鮮事！工作有趣有挑戰，這才是我要的！」不說什麼高大尚的話，這就是我和克萊兒的默契，我們都想要保持很厲害，一直做很厲害的事，永遠有更厲害的挑戰！

思緒拉回我的辦公室，我問Judy有什麼想法？

「我想辭職去做翻譯接案的工作，這樣我也可以有比較多的時間陪我男友。」

「也好，工作真的不是人生的全部，不需要把自己搞到這麼憂鬱，如果不開心就不要勉強自己。」

看過太多年輕的優秀人才，工作資歷斷斷續續，總是在尋尋覓覓，沒辦法穩定的在一個組織裡茁壯開花，培養出領導力，一眨眼就三十歲了，才發現自己還在應徵剛踏入社會階段的工作，競爭者已經比自己小五歲以上。

以前我會覺得失去這樣的人才很可惜，現在我想通了，如果玉嬌龍不想稱霸武林，把青冥劍送給她也沒用，我只能成全她回王府裡繡花。

江湖，我想只與我和克萊兒這種人有關。

職場媽寶們要一輩子幸福喔！

當老闆這麼多年，接過的辭呈也不少，
我最受不了的離職原因是——因為我爸媽說。

「老闆，我可以打擾妳十分鐘嗎？」小白推開我辦公室的門探進頭來，眨著大眼輕輕的詢問。

小白來公司一年了，做事勤勤懇懇，說不上特別聰明伶俐，但是認真負責，剛畢業就來公司上班，職場菜鳥憑著一股熱忱和阿信精神存活下來，也因為如此，才讓我記得了她的名字。

除非有特別傑出的表現，不然沒在公司待上個一年半載，我是不會花心思記下他是誰，也不會在我的手機聯絡人裡輸入他的名字，因為公司的新人來來去去，很多人熬不了公關傳媒工作的艱辛，不到三個月半年就自己宣告投降，我又何必對這些過客們走心呢？

「老闆，我有點不好意思跟妳說，我媽媽說要打電話給妳。」小白美麗的臉在開口的瞬間漲紅了。

「為什麼要打給我？妳家裡發生什麼事？」我的直覺事情不太妙。

「我媽媽要我辭掉工作回高雄去，她說我的工作太辛苦了，沒時間交男友，以後會嫁不出去。而且在台北還要租房子，薪水扣掉房租水電後，生活費都不夠了，根本沒辦法存錢。她說回去找工作可以住家裡，就可以存錢。她還說回去高雄她才好安排相親，要我早點結婚生小孩，有個好歸宿。」

我一口茶差點噴出來，小白才二十三歲，她媽媽居然已經幫她規定好下半輩子怎麼過了。

「所以妳是要跟我提辭呈嗎？」我心裡想著又來了，這套媽媽說的劇本不是第一次上演，「爸媽要我辭職」的人這些年時不時都會出現，我每次都很想說「你都幾歲了，辭職還要拿著爸媽的令箭，又不是小學生需要父母簽聯絡簿」，所以面對這些職場媽寶們，我絕對不會慰留，真的是慢走不送。

職場媽寶們辭職的理由各式各樣，大致上分為以下四類：

一、爸媽幫著決定人生路：我爸爸要我出國留學，我媽媽希望我去考公務員。什麼事都聽爸媽安排，沒有自己的主見。

二、爸媽情緒勒索：我爸要我每天和家人一起吃晚飯，不然就是不重視家人，我媽說我太忙都沒時間陪她，她好寂寞。這是台灣父母很常見的伎倆，不夠叛逆的人根本抵擋不了。

三、爸媽用經濟制裁：我爸說我不辭職就要剪掉我的副卡、不再給我零用錢，我媽不幫我付台北房租。這狀況還是歸因於自己沒有經濟獨立，生活上靠爸靠媽沒辦法養活自己。

四、爸媽溫情喊話：我爸媽說我工作太累身體會搞壞，要我辭職回家好好養身體，先不要工作沒關係。特別在心理和意志脆弱時，就容易投向爸媽的懷抱。

但是，你真的想出國留學嗎？公務員的工作你了解嗎？問過自己喜歡嗎？和男友女友約會就不用陪爸媽，但是花時間在工作上就不行？開始上班了還當伸手牌好意思嗎？是不是應該先學記帳節流脫離月光族？認真工作打拚會影響健康，通宵唱歌追劇身體都不會壞唷？

爸媽真的要養你一輩子嗎？歐美國家小孩十八歲成年就要搬出去自立了，我朋友嫁給美國人，女兒雖然有台灣一半的血統，但是上了大學看著美國同學都在打工養活自己，也會跟媽媽說不好意思跟家裡拿錢。這樣的文化差異培養出來的新世代青年，孰強孰弱？

我年輕的時候就知道沒有「錢多事少離家近」的工作，除非是家裡開公司，回自己家上班，爸媽當你的老闆。

我比較狐疑的是，這些爸媽要呵護自己的孩兒到何時？有時候也不是年輕人想當媽寶，實在是爸媽的攻勢很難對抗，我遇過許多有趣的招數，像是：逼著跟公司請快一個月長假和家人去旅行；只要加班爸爸一定開車在公司樓下等著接回家；每天用訊息攻擊，要求每小時打電話回家問安；還有媽媽在家等門到半夜……我只能說想把自己的孩兒變成職場媽寶的爸媽真的很閒。

「我想為自己闖一闖」的想法，常常輸給「百善孝為先」的價值觀。

我發現職場媽寶們有一個共通處，就是他們都很聽話，沒什麼想法，通常也沒什麼自信。比較有個性或是骨子裡有叛逆因子的人，因為不服輸，知道自己要什麼，即使爸媽反對，也不會輕言放棄自己的選擇。

我的朋友唐心慧就是堅定自己選擇的代表性人物，家境不錯的她踏入社會的第一個工作就是廣告公司的ＡＥ，和公關一樣也是辛苦爆肝卻充滿挑戰的工作，爸爸捨不得逼她離職，每天七點派黑頭車到公司硬是載她回家，她把工作帶回家，讓爸爸看到她的堅持，並且不間斷地誠摯溝通，最後才獲得爸爸的支持。

她從基層做起，一路做到奧美廣告董事總經理，現在是掌管十幾個公司的電通集團執行長。想當年如果她跟爸爸妥協了，今天就不會有唐心慧這一號女強人了。

很多人像她一樣有可以當千金小姐的背景，但心態上願意認真努力的很少，自己選擇辛苦的工作並且願意吃苦的不多，重點還要有毅力堅持下去，沒錢沒資源的人打拚是正常，人生勝利組還競競業業向上爬更不容易，所以我非常佩服她。

說到底工作是你選的，人生是你自己的，該怎麼做仍然是你個人的選擇。

「不是的老闆，我不想辭職，因為我很喜歡這份工作，從工作中我學到很多，也很有成就感，但是我媽媽很生氣我不聽話，所以她說要打電話跟妳說我要辭職，我沒辦法阻止她，我怕妳接到電話傻眼，所以想跟妳先報備一聲，希望妳不要介意。」

「別擔心，妳很棒，我會告訴妳媽媽的。」我也鼓勵小白在工作上繼續加油。

三天後我接到小白的媽媽來電，我告訴她，她把小孩教得真好，吃

爸媽愛你
其實沒有錯，
他們不了解你，
但是
你應該了解自己

苦耐勞不怠惰，比起許多打混過日子的年輕人優秀太多，而且不會因為自己是女性而小看自己，和男性一樣看重我在職場上的表現，有企圖心前途不可限量，女性把未來掌握在自己手上是最聰明的，她一定為她的女兒感到驕傲。

爸媽愛你其實沒有錯，他們不了解你，但是你應該了解自己。許多時候是自己怕累怕苦，爸媽只是藉口，當你不想堅持，甚至不想工作，才會被爸媽招招手，就跟自己認輸了。

一直依賴爸媽的人生，真的只能祝你一輩子幸福。

開工大吉之我要離職

踏入社會至今，我換工作的次數一隻手數得出來，當老闆是我的第五份工作，有時想起年輕時一起工作的同事，當時對工作轉換與否的想法不同，造就了每個人不同的職場經歷。

當老闆這麼多年，接過的辭呈很多，冷血一點說，對於員工離職已經有點無感了。尤其在發完年終過完年後一兩個月內，我已有心理準備陸續會有人離職，以前遇過最誇張的是放完春節假期開工日當天根本沒出現，但是過年期間的薪水依法還得照付咧！

我並不是不能接受員工辭職，天下無不散的宴席，每個人有自己的人生規劃，我都會給予祝福。有的時候員工與公司的價值觀或做事原則不同，再磨合下去就要成仇了，分手也會讓彼此都鬆一口氣。

奇怪的是，有些員工做得好好的，我也願意栽培，但就是心思不定，想東想西想要尋找人生方向，想著想著就想要離職了，但是資歷累積不夠，離開幾年後還在閒晃尋覓自我，我看著都覺得時間蹉跎了真可惜。

記得那是一個過年春假後上班在茶水間的對話。

放了一個長長的春節假期，晚睡晚起心情好的日子總是會結束，一想到明天要開工上班，小維真的很想大醉一場。「反正終於熬到領完年終了，我明天就來提辭呈準備換工作。」彷彿擬定了大計畫，小維才安心睡著。

不想上班的心情已經有幾個月了，小維來公司快一年，前半年是蜜月期，面對新工作和新同事，樣樣新鮮有趣，等到熟悉上手之後，就開始覺得煩膩了。企劃的工作雖然有挑戰有學習，但是每天都被綁住，為了上班早起不能熬夜追劇，一週休兩天，這兩天得補眠休養工作五天的勞累，根本沒時間做自己喜歡的事，失去了自由自在！

當學生和上班族是天差地遠兩件事。

「妳真的要提辭呈啊？」我和小維、Lynn窩在茶水間藉著沖咖啡小聊一下。

「我想要停下腳步來思考一下我接下來要走的路。」小維啜飲一口咖啡，說話時嘴巴呼出熱氣。

「領完年終就提辭呈，感覺很沒水準耶！」Lynn說話總是直通通的。

「妳不是才來不到一年？」我問。

「但我覺得公關企劃我都會了，公司好像沒有什麼我可以再學的。」我和Lynn都在這裡工作兩年半了，小維這樣講好像是我們比較笨都學不會。

活到老學到老真的不是遠古時代的諺語啊！

「今天開工第一天，妳提辭呈不怕觸老闆霉頭啊？」Lynn又開了一炮。

「啊，我沒想這麼多耶！因為離職的想法在我心中很久了，過年期間我也考慮了一下……」沒想到會突然被這樣問，小維顯得有點手足無措。

我問小維：「妳沒有先找工作嗎？萬一工作接不上，妳不怕荷包很快就空了？」

「我住家裡，吃我爸喝我媽，應該可以賴一陣子。」小維悠悠地說。

「妳真幸福，像我要付房租，沒工作可不行。」說完我把咖啡一飲而盡。

爸媽不可靠時，你只能靠自己。

「妳們呢？妳們不是也說過想離職？」小維問。

「我想找到工作再離職，一來有保障，二來找工作的過程也可以知道別的公司需要什麼樣的人才，自己還欠缺哪些條件需要準備和補強的，才好跳槽啊！」嗆辣的Lynn總是思路清晰。

「我並不想離職，我想加薪，而且我和老闆談完了。」雖然我和小維年紀差不多，但是我在公司已經待了兩年半了，我覺得自己在工作上可以再上一層樓。

「妳自己去談加薪啊？加了多少？」Lynn睜大眼好奇的問。

自己爭取自己的糖吃。

「我過年前去找老闆談的，但是沒有加。老闆提出了一些我需要改變的地方，他給我三個月到半年的時間，只要我做到了，他就會幫我加。」我把杯子放入水槽。

「妳幹嘛不跟他說妳要離職，搞不好他為了留妳就會幫妳加薪了。」

小維似乎覺得自己的主意很不賴。

打開水龍頭沖洗杯子，「如果他沒有留我，我不就得走了？我很喜歡這份工作啊，萬一下一份工作我不喜歡，或是遇到更討人厭的老闆呢？我覺得換工作對我是有風險的。等我真的覺得不想待了，我才會辭職。」

老闆相處、工作內容難易度、同事，企業文化……這些都是換工作的風險考量。

「妳呢？如果妳今天提辭呈，老闆說要加薪留妳，妳會留嗎？」

Lynn 轉頭反問小維。

「會吧！有錢當然好啊！」小維也喝完咖啡了。

「但妳不是做得很煩了嗎？加了薪水工作內容並不會改變呀，而且可能負擔變重。」我有點不解小維到底是不是真的想離職。

「這樣講是沒錯，只是有錢就可以撐一下。」小維的想法總是變來變去。

錢真的是工作唯一的回饋嗎？

「妳想找什麼樣的工作？」Lynn接過小維的杯子一起給我。

「應該還是行銷企劃吧。」小維說話時微微地聳了聳肩。

「妳真的不喜歡現在的工作嗎？」我洗完杯子轉身問小維。

「我也挺喜歡的，只是不知道真的適合我嗎？而且我想要有更多時間做我想做的事。」這番話語氣說起來挺篤定的，只是內容很不明確。

沒有適不適合你的工作，只有你想不想做。

「妳想做什麼事？」Lynn問。

「多一點時間悠閒地到處走走看看，喝咖啡思考人生方向。」小維把我洗好的杯子倒扣晾著。

「那妳要不要中樂透比較快？哪裡有工作可以這麼輕鬆啊？」Lynn大笑。

「好了，大藝術家，我們中午吃飯再聊吧。」擦完護手霜，我們一起走出茶水間。

人生是想不透的，與其花時間思考，還不如直接體驗。

小維提了辭呈，老闆沒有加薪留她，不到半個月，公司就找到接手的人了。三年後，Lynn 如願跳槽到一個新創公司，擔任主管職，薪水跳了一倍。對方打來 check reference 時，老闆說 Lynn 是個人才，工作了五年忠誠度夠，企劃資歷也深厚。

四年後我和小維巧遇，我剛離職準備創業，小維已經換了三個工作，還在做企劃專員，依舊在抱怨工作的煩膩，怨言中更夾雜了職場上和後輩共事競爭的壓力，因為三十歲的她，都在跟二十五歲的同事比拚。

讓自己不停回到起跑點重新開始，只是離成功的終點越來越遠。想離職的人先想一想，千萬別當半桶水響叮噹，除非有特殊不得已的原因，累積出實力之後再離職，給自己一個華麗轉身，讓公司捨不得你，還會對外誇讚你。

我自己在每一份工作的當下，只會想著手上的任務如何克服？怎樣可以讓自己獲得成就和肯定？如何加薪升遷？至於工作是否適合我，只要我想做就會適合。

在我當老闆後，每次審閱應徵的履歷，只要每個工作只有一年或不滿，我都直接刷掉，連筆試都不必。一個只願花一年甚至更少時間在每個工作機會上的人，每件事都沒學會，也只是半桶水，何必浪費公司資源？

一年學習，兩年熟悉，三年發揮，一個工作至少做個三年以上，才能融會貫通變成你的專業。

職場裡的黑暗榮耀

職場裡最難纏的，其實是人性的黑暗面。

每個人對於工作的認知不同，有些人想出人頭地，有些人想賺大錢，有些人想安安穩穩一輩子有飯碗，有些人迫於現實不得不工作……不管是哪一種認知，遇到的挫折最好解決的都是技術面的，如何提升工作能力、如何凸顯工作表現、如何在競爭的環境裡脫穎而出、如何小心不踩雷……諸如此類，這些都是上課、看書、請教前輩可以解決的，但職場裡最難應付的其實是卑劣行為——性別歧視、霸凌、性騷擾。

•性別歧視總是隱身在企業的制度與文化裡

所謂性別歧視，不一定是男性用言語行為歧視女性，大部分性別歧視隱藏在制度與文化中，有時候女性遭受的性別歧視，甚至是女性主管加諸於女性員工的。

我慶幸自己在女性工作者居多的時尚產業，女性遭受性別歧視的機率不高，但是過往的經驗裡仍然遇過同工不同酬的狀態。相同的職務，我的表現甚至比對方好，升等加薪卻比較慢；也曾經在懷孕時期，被公司定位為產能不高。這些都是無法度量檢視的對待，只有被歧視者有感，所以抗議也無效。

很多人有不經意的歧視，習慣善用女性比較具有服務精神的特色，會議上倒茶倒水都是請女同事處理。最直接對女性的歧視是貼上標籤，像是：少女心戀愛腦、談了戀愛就無心工作、結婚可能就準備離職回家生小孩、有了孩子的更是以家為重無法為工作全心全力付出……等。這些標籤沒有考慮到能力與工作效率是因人而異，面對處境的處理能力也不同，是最嚴重的職場性別歧視。

在我過去的經驗裡，倒茶水買咖啡我不計較，其他不公平的待遇我記在心裡，努力工作讓我的績效提升，總有一天撕去刻板印象標籤，證明職業婦女能力並不在男同事之下，再去和老闆談判我應得的薪水與職位。

我也告訴我自己，當有一天我可以主事，在我眼皮之下不能有性別歧視。

● 女性特有的小圈圈文化，形成霸凌，從學校延伸到職場

職場霸凌大部分是女性嗎？和學歷高低、高矮胖瘦、有錢沒錢不一定有直接的關係，奇妙的是女性真的多於男性。這可能和女性從小就有的小圈圈文化有關，所有女性在唸書時期，不管是小學、中學，都對班上的小團體很有感，說好聽的是臭味相投的聚在一起，事實上常常是帶頭者被簇擁成為一個小圈圈，其他人被排擠打不進去。帶頭者通常在團

體裡最具有優勢，有錢、長得漂亮、功課好，這些都是優勢，會讓大家想攀附。心術不正的小團體利用他們的優勢為所欲為，碎嘴造成群體風向，進而侵害欺壓他人，讓別人不愉快，這就是霸凌。

小時候的我曾經是轉學生，被班上班長和副班長的小圈圈排擠，甚至刻意孤立我，沒有女生敢跟我一起玩，不時的酸言酸語讓我很不開心，所以我一直非常討厭團隊裡搞小團體和霸凌文化。

進入職場後，即使我的工作表現優秀，業績好頭銜高，同事關係不論熟不熟，我也不會成為霸凌的加害者。但是開始當主管居於上位之後，我看到的是女性惡習的延續，霸凌這件事從學校延伸到職場。

在IG限動裡看到她們的團體自拍就知道誰是老大了，在C位的永遠是Angel。Angel長得漂亮，說起話來嗲嗲的，不時故意裝可愛，外貌搭配著優秀的才幹，但是我發現她很會讓別人甘於為她服務，甚至會聯合同部門的人欺負新來的同事。怎麼欺負法？同樣為平輩，卻用主管的口氣使喚別人；在群組針對某個人的疏失無禮發言大表不滿，其他人紛紛應和，讓對方羞愧；找同部門的同事一起吃中飯，刻意跳過某位同事……等等。

學校和職場不一樣，這種事除非受害者自己出面申訴，或是發生了傷害事件，否則公司或老闆的立場是無從干預的，我只能好言提醒點點她，畢竟個人工作表現仍然是公司最注重的，這種人際關係的政治陰霾，大家只能自己想辦法熬出頭。

不過惡人就是會有惡人治，某次公司有個跨部門合作，Angel和另一部門的Angela一起出差，就在Angel使出撒嬌賴皮老招，讓攝錄影等工作團隊簇擁著以她為中心，並且對Angela頤指氣使，還把過錯推給她時，卻不知道自己踢到鐵板。Angela直接對Angel冷暴力，在人前無異狀嘻嘻哈哈，但同房不說話，東西用丟的，開關門用甩的，讓Angel處於精神緊繃狀態，遠在他鄉，就算想跟她的小團體甚至公司求援都無法。

這世界霸凌無所不在，厲害的就在有意無意間的孤立。任務結束回到公司後，Angela就是有本事串連公司女同事，不管是午間吃飯、週末相約歡樂的局、海外員工旅遊，沒有人會再約Angel，Angel在公司裡變得落寞，氣焰不再囂張。

這就是一個弱肉強食的世界，你只能把自己變得更強，才不會被欺負。

在職場上遇到被霸凌，告訴自己不要走心，上班是為了賺錢和升遷，不是來交朋友的。有緣好好相處當好同事，不需要一定黏黏膩膩在一起，不合拍就保持距離，想辦法讓自己晉升，爬到上位你看待這一切會更超然。

喜歡結黨的女性如果持續用中學女生的心態來看待職場，遲早會被自己的態度反噬。職場裡是個人競爭戰場，搞小圈圈並沒有幫助，在工作上踩別人，遲早被別人踩一腳。

• 女性在工作上面臨的最黑暗面，非性騷擾莫屬

最常見讓女性不舒服的性騷擾是當面開黃腔、講黃色笑話，不管是一對一的說，或是在群體中大說特說而未加考慮女性感受。很多男性覺得這沒什麼，因為沒有肢體行為上的碰觸，也沒有針對性。許多女性只能尷尬傻笑，因為不知所措，但這反而會助長此風，對方會以為女性很喜歡聽。

基本上平行同事之間不敢造次，我建議女性可以當面回嘴給他難看，請他放尊重，不必害怕得罪人，因為彼此在公司是平輩，妳不用太擔心會影響工作，千萬別鄉愿地怕場面弄僵而姑息，要知道丟臉的是他，不是妳。

如果開黃腔的人是妳的主管，藉故離開現場是一個方法，當妳每次都在對方講黃色笑話時說有事要忙，久了對方也會明白妳不喜歡聽並且在閃避，之後他可能就會收斂了。萬一遇到不知收斂的男主管，至少離開可以讓耳根子清淨。

最讓女性恐懼的性騷擾是動手動腳，而且在職場裡的性騷擾總是伴隨著權勢壓迫，對方職銜比妳高，知道妳不敢反抗，心術不正的男主管就會為所欲為，先用言語、搭肩、摟腰、緊握手試探，這種男性其實是喜歡吃女性豆腐，尤其在他有了權力之後，更享受彰顯權力讓女性下屬就範的快感，潛意識裡有著帝王左擁右抱的沙文幻想。

當妳遇到這種行動式性騷擾，請直接撥開他的手，不要天真地以為他不會再更進一步，妳必須想像一旦縱容默許，具攻擊性的摸屁股、摸胸，甚至逼迫女性下屬獻身，後續這一連串性騷擾將接踵而至，甚至有被性侵的危險。

若不幸遇到這些攻擊性的性暴力，一定要向公司提出申訴，千萬不要害怕丟了工作，公司不處理，雖然無奈，還是離職保護自己吧！

千錯萬錯，被性騷擾不是自己的錯。

許多女性遇到性騷擾會怪罪自己，甚至女性指責女性，但是這關乎的是人跟人的彼此尊重，女性長相貌美或是穿著展現身形，都不代表願意接受男性在言語或行為上的侵犯，這不是女性的錯，是性平觀念的崩場。

我是一個公司老闆，在工作上我的穿著並不以性感風格著稱，我也遇過客戶高層在活動現場和我聊天，他從擇偶條件聊到他的床上功夫有多厲害，如此不恰當的言語說出口，我立刻冷冷地回說「我要去彩排了」，他會如此大膽也是因為他是客戶，我想他是不敢跟他的女性老闆這樣說話的，這就是權力不對等造成的性騷擾。當時我並不害怕會因此失去這個客戶，因為我知道我必須保有我的女性尊嚴。

輕浮的話語永遠是性騷擾的開端，當你的耳朵聽見了，就必須要保持警覺性。

面對性別歧視、霸凌、性騷擾這些卑劣行徑，我們必須讓自己工作能力更強，爬上山頭成為有權勢的上位者，讓你在工作上的榮耀成為面對職場黑暗的報復行動，也期待女性工作的性平權益有朝一日能完全落實，我們能安心工作不再擔心。

1

1. 2018 仲誼年度大片 仲誼 13・數位玩翻
2. 2016 仲誼年度大片 仲誼 11・如一如新
3. 2019 仲誼年度大片 仲誼 14・絕對法式

2

3

1

1. 2017 仲誼年度大片 仲誼 12．獨一無二
2. 2023 仲誼年度大片 仲誼 18．繁盛如花
3. 2022 仲誼年度大片 仲誼 17．齊心齊一

2

3

BOXING
WELLNESS CENTER
BOXING
WELLNESS CENTER
BOXING
WELLNESS CENTER
BOXING
WELLNESS CENTER
CINDY YUEH

1

2

1. 2022 仲誼年度大片 仲誼 17・齊心齊一
2. 2023 仲誼年度大片 仲誼 18・繁盛如花

一人份的勇氣

仲誼集團惡魔老闆岳啟儒的硬闖人生

作　者——岳啟儒
封面攝影——易志強
主　編——林巧涵
責任企劃——蔡雨庭
封面設計——高郁雯
版面構成——林曉涵
總 編 輯——梁芳春
董 事 長——趙政岷
出 版 者——時報文化出版企業股份有限公司
一〇八〇一九臺北市和平西路三段二四〇號七樓
發 行 專 線——（〇二）二三〇六六八四二
讀者服務專線——〇八〇〇二三一七〇五
（〇二）二三〇四七一〇三
讀者服務傳真——（〇二）二三〇四六八五八
郵　撥——一九三四四七二四　時報文化出版公司
信　箱——一〇八九九臺北華江橋郵局第九九信箱
時報悅讀網——www.readingtimes.com.tw
電子郵件信箱——yoho@readingtimes.com.tw
法律顧問——理律法律事務所 陳長文律師、李念祖律師
印　刷——勁達印刷有限公司
初版一刷——二〇二三年七月七日
初版八刷——二〇二三年十二月十八日
定　價——新臺幣三八〇元

一人份的勇氣：仲誼集團惡魔老闆岳啟儒的硬闖人生/岳啟儒作. -- 初版. -- 臺北市：時報文化出版企業股份有限公司, 2023.07

ISBN 978-626-353-988-4(平裝)

1.CST: 岳啟儒 2.CST: 傳記

783.3886　　112009033

時報文化出版公司成立於 1975 年，並於 1999 年股票上櫃公開發行，
於 2008 年脫離中時集團非屬旺中，以「尊重智慧與創意的文化事業」為信念。

ISBN 978-626-353-988-4　　Printed in Taiwan

※ 請對摺後直接投入郵筒，請不要使用釘書機。

廣告回信
台北郵局登記證
台北廣字
第 2218 號

時報文化出版股份有限公司

108019 台北市萬華區和平西路三段 240 號 7 樓

第五編輯部 小時光線 收

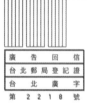

用一人份的勇氣，撐起千萬份的女力！

把你的心裡話告訴惡魔老闆，並於 112 年 9 月 15 日前寄回時報出版，就有機會獲得氧顏森活勇氣獻禮！

矢車菊康普茶酵母機能面膜（3 入 / 盒）

市價 319 元

養顏創舉！敷的康普茶！富含紅茶酵母精華＋兒茶素，針對混和肌、易出油肌的機能型調理面膜，感受肌膚的透勻淨亮。

矢車菊康普茶機能調理水凝霜（50g）

市價 550 元

養顏創舉！超平衡康普茶！富含康普茶精華，讓肌膚勻淨透光，一瓶 3 效，平衡、修復、嫩亮，喚醒肌膚修護力，打造原生好膚質。

◆ 請問您在何處購買本書籍？

☐實體書店＿＿＿＿＿＿ ☐網路書店＿＿＿＿＿＿ ☐其他通路＿＿＿＿＿＿

◆ 您從何處知道本書籍？

☐實體書店	☐網路書店	☐其他通路
☐作者社群	☐廣播、Podcast	☐名人推薦
☐媒體報導或書摘	☐朋友推薦	☐其他

【讀者資料】（請務必完整填寫，以便通知得獎者）

姓名：＿＿＿＿＿＿ ☐先生 ☐小姐

聯絡電話：＿＿＿＿＿＿

收件地址：☐☐☐＿＿＿＿＿＿

E-mail：＿＿＿＿＿＿

購買此書的原因：＿＿＿＿＿＿

＿＿＿＿＿＿以上請務必填寫、字跡工整

注意事項：

★ 請撕下本回函（正本，不得影印），填寫個人資料並以膠帶封口（請勿使用訂書針）寄回時報文化。

★本公司保有活動辦法變更之權利。

★若有活動相關疑問，請洽時報出版第五編輯部：0223066600#8210 蔡小姐